Raphael in Detail

Raphael
in Detail

细节中的艺术家

细节中的拉斐尔

Stefano Zuffi

[意]斯特凡诺·祖菲 著 刁 卓 译

河北出版传媒集团

河北教育出版社

目　录

6	引　言
11	生　平
14	作　品
38	承前启后
56	追求完美
76	空间感
98	雄　姿
122	普世和谐
140	天　使
164	昙花一现
190	身心的力量
220	译者注
223	参考文献
225	图片来源

引 言

请想象1509年4月的一个清晨，在罗马，时辰尚早，但天色渐亮。倏尔破晓，曙光洒向山坡，不久便会温暖古老的石头、公园的草木以及诸多石像。女修道院的晨钟已经敲响，手推车在鹅卵石路上颠簸前行，店家纷纷收起百叶窗。燕子越过如闪亮丝带般的台伯河，盘旋在梵蒂冈宫上空。文艺复兴时期最伟大的艺术家们也在各自的家中醒来。布拉曼特（Bramante）大师已经起床，他将圣彼得大教堂的建筑图纸捆作一卷，准备前往现场监工。米开朗琪罗要再赖一会儿床，他背很痛，每天工作时都要爬上西斯廷教堂那些恼人的脚手架，还要忍受儒略教皇（Pope Julius）的斥责。拉斐尔像一只满足的猫，在被子里打着哈欠，伸着懒腰，面带笑容——年仅二十六岁的他已经接到装饰教皇的梵蒂冈私邸的委托。永恒之城[1]的一方菜园内又传来一声小公鸡的啼鸣，提醒人们该起床了，但拉斐尔在金色的晨曦中流连。此时，意大利艺术的辉煌时代即将开启。

英年早逝的拉斐尔经历了许多重要的历史变革，并在文艺复兴艺术的巨变中扮演了重要角色。生长于蜚声国际的人文主义宫廷的拉斐尔，其艺术启蒙于16世纪早期最负盛名的画家彼得罗·佩鲁吉诺（Pietro Perugino）。随后拉斐尔在成立不久的佛罗伦萨共和国度过四年，其时，米开朗琪罗和达·芬奇的艺术之争不分伯仲，正是他磨砺技艺的良机。这位年轻画家凭借无与伦比的天分迅速开始崭露头角，他从其他画家与古今艺术作品中汲取灵感，并转化为全新而独立的创作方式，这种能力在当时无人能及。

拉斐尔最初与艺术结缘，始于他的父亲乔瓦尼·桑蒂（Giovanni Santi）。天赋异禀的桑蒂不仅是乌尔比诺（Urbino）宫廷重用的画家，也曾为费代里科公爵（Duke Federico）撰写编年韵诗（Cronaca rimata）——一种用来记述世界艺术史最新观点的三行押韵诗篇。通过与学者和作家的交往，拉斐尔早年便从"诗画同源"（ut pictura poesis）的表述中意识到画家作为知识分子的新角色，绘画不再只是手工艺品，而是心灵的产物。拉斐尔成为使社会文化范畴中的画家身份发生质变的领军人物，他倡导以心役物。

拉斐尔在乌尔比诺公爵宫的非凡童年令其理解并习得父辈的传统，同时具备绘画技法的真知与企业化管理工作坊的灼见。同时他也参与了统治乌尔比诺的蒙太费尔特罗家族（Montefeltros）高雅而频繁的知识性讨论，与来自各国的艺术家、工程师、数学家、天文学家以及学者切磋。数十年后，拉斐尔的挚友巴尔达萨雷·卡斯蒂廖内（Baldassare Castiglione）在其著名的《廷臣论》（*The Book of the Courtier*）对话中深情地回忆了当年的氛围。

拉斐尔青少年时期往返于马尔凯斯（Marches）与翁布里亚（Umbria）两地，与彼得罗·佩鲁吉诺的相识助其开启了事业的新阶段。那时，拉斐尔的父亲已经过世，拉斐尔在其父生前的忠实合作伙伴埃万杰利斯塔·达·皮安·迪·梅莱托（Evangelista da Pian di Meleto）的支持下，继承了工作坊。拉斐尔与佩鲁吉诺之间并非普通的师徒关系，而是著名艺术家与年少有为的天才之间教学相长的关系。佩鲁吉诺在洛伦佐·德·美第奇（Lorenzo de' Medici）统治下的佛罗伦萨发迹，此时事业已达到巅峰，而在他事业中落之时拉斐尔正冉冉升起。

与佩鲁吉诺共度的几年对拉斐尔来说至关重要，

他以自己的聪敏迅速吸收了这位翁布里亚大师绘画的精髓，尤其是瓦萨里（Vasari）所描述的"柔纯色"（gentle solid colouring），并且淡化了年幼时在乌尔比诺受乔瓦尼·桑蒂、卢卡·西尼奥雷利（Luca Signorelli）、皮耶罗·德拉·弗朗切斯卡（Piero della Francesca）等人影响的柔和干净的线条和独特的表现方式。

随着16世纪通往印度与新世界的海上道路逐步开拓，历史进程突飞猛进，意大利受到了一系列戏剧性事件的冲击，包括佛罗伦萨的萨沃纳罗拉（Savonarola）被处死，法国攻占米兰公国，切萨雷·博尔贾（Cesare Borgia）在罗马涅（Romagna）与马尔凯斯地区进行肆无忌惮的冒险行动，以及佩鲁贾城（Perugia）的血海深仇。佩鲁吉诺以冷静的风格在不同的环境组合中呈现相同的主题——在赏心悦目却缺乏特色的风景中，表现优雅漠然、郁郁寡欢。佩鲁吉诺深知自己的作品大同小异，因为这些作品通常都是助手们按照相同的大样图和画稿完成的，但他的成功地位无可撼动，因此他并不感到担忧。佩鲁吉诺技艺已臻成熟，养精蓄锐准备自己最后的杰作，其中就包括佩鲁贾兑汇协会宫（Collegio del Cambio）的壁画。日常的作品则如流水线般依照不同系列的样图大量绘制。为了掌握并超越佩鲁吉诺的风格，拉斐尔采用了一种非常有效的新方法，这从他的一些珍贵素描稿中可以看出。他认真学习了大师的构图，而作为练习，他通过写生的方式完成老师原作中无力的天使与圣人肖像。佩鲁吉诺的绘画优雅却不真实，对于这一问题，拉斐尔运用自然和解剖原理对其加以修正。同时，有在乌尔比诺接受的透视训练的加持，他还强化了画面的深度与空气感。两位艺术家分别创作的《圣母的婚礼》祭坛画，成为文艺复兴艺术史上最著名的对比案例之一。1502年前后，佩鲁吉诺一如既往、从容不迫地开始为佩鲁贾教堂（今属卡昂）创作大型作品。1504年，拉斐尔为卡斯泰洛（Castello）城所作之画（现藏于米兰布雷拉美术馆）复制了佩鲁吉诺作品的基本构图以向其致敬。但刚满二十岁的拉斐尔巧用嬗变，两张祭坛画并立相较时，翁布里亚大师的作品黯然失色，其手法也如同明日黄花。

斗转星移，拉斐尔在一个关键时刻来到佛罗伦萨，见证了达·芬奇和米开朗琪罗的世纪之战——二人紧锣密鼓地为被瓦萨里称作"世界学院"的旧宫（Palazzo Vecchio）设计战争场景的壁画。拉斐尔在这几年间顺理成章地与多位大师相识，如活跃于佛罗伦萨的弗拉·巴尔托洛梅奥[2]。但拉斐尔一直非常低调，保持着备受后人赞誉的谦恭与温和性格，他并不急于挤到舞台中央，而是如同面对两位伟大冠军的年轻运动员一般，投入一系列临摹练习之中。他的油画和素描大多是圣母子像，但大量的衍变和复杂程度的增加，使拉斐尔作品的构图与人物姿态渐渐从达·芬奇与米开朗琪罗的作品中抽离出来。从1504至1508年拉斐尔创作的一系列摄人心魄的圣母像中，可以明显看出这位年轻画家愈加自信。拉斐尔勤勉而有条不紊地进行基础训练，但是他的作品却自然迸发出浑然天成的美，令人不由自主地联想起虽处于不同时代，但同样永远定格在青春年华的天才莫扎特。

与此同时，藏家对拉斐尔的青睐也与日俱增。热衷艺术的阿尼奥罗·多尼（Agnolo Doni）曾委托米开朗琪罗创作圣家族像圆形画（tondo），还请拉斐尔为他与妻子玛达莱娜·斯特罗齐（Maddalena Strozzi）

绘制肖像，这是拉斐尔作为肖像画家的牛刀初试，该画总体来说参考了达·芬奇的作品，但拉斐尔也展现出以自然尺度和他与生俱来的均衡和谐感处理借自其他艺术家的母题与构思的能力。

1508年的夏天至关重要，拉斐尔用四年光阴近距离向达·芬奇与米开朗琪罗学习以提升自己的技艺，如今两位大师均离开了佛罗伦萨。二十五岁的拉斐尔熟识佛罗伦萨行政长官皮耶尔·索代里尼（Pier Soderini）和诸多政界要员，完全有能力接到私人或教会的委托，本可轻易在佛罗伦萨画派中拔得头筹，但是他深知艺术中心已从亚诺河（Arno）转向了台伯河（Tiber），所以，经受雇于梵蒂冈宫的乌尔比诺同乡布拉曼特介绍，拉斐尔来到罗马。

拉斐尔在罗马遇见了饱受争议的教皇儒略二世。教皇正大张旗鼓地主持重新装潢梵蒂冈宫，这项意义深远的工程中的重点，便是建造新圣彼得大教堂的宏伟穹顶。布拉曼特得到了这项委托，拱顶下方将放置米开朗琪罗设计的大理石教皇墓。但是不久，米开朗琪罗就不得不暂停雕塑的工作，集中精力绘制西斯廷教堂的天顶。为了尽快完成客房[3]的湿壁画，一群来自天南海北、各有所长的画家被召集到了一起，其中包括佩鲁吉诺、索多玛（Il Sodoma）、巴尔达萨雷·佩鲁齐（Baldassare Peruzzi）、布拉曼蒂诺（Bramantino）、洛伦佐·洛托（Lorenzo Lotto），以及擅长绘制装饰带的德国画家约翰内斯·鲁伊希（Johannes Ruysch）。

起初，年轻的拉斐尔的工作仅限于在曾作为教皇图书室的签字厅[4]内，用缠枝花纹和德拉·罗韦雷（Della Rovere）家族标志性的橡木纹样装饰天花板。但是在1509年1月，教皇委任拉斐尔负责整个重修项目，这是一个明确的信号——拉斐尔成为意大利绘画唯一的核心参照点。从前拉斐尔展露出的是博采众长的天赋，而从此以后，他成为一位新的楷模与典范，名垂青史。四间客房湿壁画的工作持续了十余年，身为大师的拉斐尔逐渐将工作分配给工作坊完成，标志着他个人风格的成熟，这也成为他早期艺术遗产的重要组成部分。

拉斐尔在罗马的工作与生活伴随着日渐增多的活动与成功。儒略二世去世后，"豪华者"洛伦佐（Lorenzo the Magnificent）之子当选新教皇，即利奥十世（Pope Leo X de'Medici），此时拉斐尔成为整个教廷文化生活的中心统领。当然，他也继续为教皇、红衣主教与其他赞助人创作着各式佳作（湿壁画、祭坛画、肖像、内室画），他的客户也包括锡耶纳银行家阿戈斯蒂诺·基吉（Agostino Chigi）。

拉斐尔三十岁之后的作品似乎缺少了早年的勃勃生机，这些作品无疑是交由助手完成的，因此逐渐形成了某种"规矩"，但是他的构思和灵感以及组建画面、人物与叙事的能力依然出众。在艺术生涯的最后几年，拉斐尔受到罗马最新发掘遗迹的启发，致力于将建筑、观赏雕塑与绘画形成统一的装饰整体。其中最重要的作品位于梵蒂冈宫长廊，这项浩大的合作项目调动了拉斐尔的全部合作者：朱利奥·罗马诺（Giulio Romano）、焦万·弗朗切斯科·彭尼（Giovan Francesco Penni）、波利多罗·达·卡拉瓦乔（Polidoro da Caravaggio）、佩林·德尔·瓦加（Perin del Vaga）以及负责灰泥的乔瓦尼·达·乌迪内（Giovanni da Udine），正是他们在拉斐尔去世后，特别是1527年的"罗马之劫"[5]后，将拉斐尔风格的范式带向全意大利乃至欧洲各地。

拉斐尔创作绘画、协调项目并以企业的方式经营着工作坊，与此同时他的兴趣也在不断拓展：他主持建筑工程并深入参与对文物古迹的保护与修缮；作为一名经济状况良好的知识分子，他的房地产投资十分精明；作为调剂，他还参加过剑术课程，并常组织朋友去乡野郊游。另外，拉斐尔对美丽的芙娜蕾娜（Fornarina）的爱也堪称传奇。唯一可以指摘的便是米开朗琪罗公开的敌意，除此之外，连波澜壮阔的历史事件（意大利战争、宗教改革的开端、查理五世的当选）都似乎雁过无痕。

然而一切都结束得太快，由疟疾复发引起的持续高烧（并非坊间流传的纵欲过度）在1520年的基督受难日当晚夺走了拉斐尔年仅三十七岁的生命。他的棺木上放着《基督变容》——一幅他尚未完成的伟大遗作，画面中一身纯白的基督冉冉升起。

拉斐尔葬于古典遗迹中保存最为完整的万神殿（Pantheon），著名文学家彼得罗·本博（Pietro Bembo）以拉丁语写下墓志铭，表达全世界知识分子的哀悼与惋惜："拉斐尔在此处安息。在他生前，万物之母自然，感到了败北的恐惧；而如今他溘然长逝，自然又唯恐自己也会随之而去。"拉斐尔也会赞赏五百年后的一位八岁女孩所说的话。站在十分自然且画面开阔的《圣母的婚礼》前，女孩仿佛被魔力吸引般一动不动，她说："这幅画并不是任何东西的图像，因为我身在其中。"作为艺术家，夫复何求？

《自画像》（作品目录 19）

生　平

1483 年	基督受难日凌晨三点，拉斐尔出生于乌尔比诺（具体地点不详），他的父亲乔瓦尼·桑蒂是一位受人尊敬的画家与知识分子，供职于蒙太费尔特罗宫廷，熟知国际文化与绘画学说。
1491 年	拉斐尔的母亲玛吉亚·恰拉去世，不久后，父亲迎娶一位博纳蒂纳姓女子为妻，生女伊丽莎白。
1494 年	乔瓦尼·桑蒂去世，年仅十一岁的拉斐尔接手了父亲的工作坊。在迈出艺术家事业第一步的同时，拉斐尔与争强好胜的继母产生嫌隙，对同父异母的妹妹也并无感情。
1500 年	与继母的法律与经济纠纷被正式记录在册。十七岁的拉斐尔被称为"老师"。与父亲生前的合作者埃万杰利斯塔·达·皮安·迪·梅莱托共同为卡斯泰洛城创作祭坛画《托伦蒂诺的圣尼古拉斯》（*St Nicholas of Tolentino*）。
1501—1504 年	拉斐尔结识彼得罗·佩鲁吉诺，并跟随佩鲁吉诺在马尔凯斯与翁布里亚两地完成多个项目，两人并非传统的师徒关系，拉斐尔也会独立接受委托。他凭借《圣母的婚礼》（现藏于兴兰布雷拉美术馆）达到艺术起步阶段的最高水平。二十一岁的拉斐尔完成了基础训练，进入事业的初步成熟期。
1504 年	10 月 1 日，乌尔比诺公爵的妹妹乔瓦娜·费尔特里亚·德拉·罗韦雷致信佛罗伦萨行政长官皮耶尔·索代里尼，向其介绍"拉斐尔，来自乌尔比诺的画家，作品中充满智慧"，该推荐信意在让拉斐尔能向当时在旧宫绘制湿壁画的达·芬奇与米开朗琪罗学习，而拉斐尔借由此信如愿以偿地去了佛罗伦萨。
1504—1507 年	拉斐尔在佛罗伦萨主要为私人委托绘制各种版本的圣母子像，作品构图日益复杂。虽然这一时期拉斐尔主要居住在佛罗伦萨，但他也在乌尔比诺和佩鲁贾完成了圣塞维诺小教堂（San Severo Chapel）的湿壁画和《基督下葬》（现藏于罗马博尔盖塞美术馆）。

1508 年	拉斐尔约在夏季离开佛罗伦萨前往罗马。教皇儒略二世在梵蒂冈主持大规模的艺术工程，包括由拉斐尔同乡布拉曼特负责的圣彼得大教堂的重建、米开朗琪罗负责的西斯廷教堂天顶画，以及教皇私人寓所的装饰。
1509—1511 年	拉斐尔负责装饰教皇儒略二世在梵蒂冈宫的客房，装饰工作从教皇的私人图书馆即签字厅开始。
1512—1514 年	签字厅的工程尚在进行，拉斐尔开始了伊利奥多罗厅[6]的装饰。1513年儒略二世去世，"豪华者"洛伦佐之子乔万尼·德·美第奇当选新教皇，即利奥十世。拉斐尔继续在梵蒂冈宫工作，伊利奥多罗厅完成后又开始绘制博尔戈火灾厅[7]。 签字厅巨大的半月形饰面耗费了拉斐尔大量精力，但他也在罗马以外的地区完成了许多作品，包括为博洛尼亚创作的祭坛画《圣则济利亚的狂喜》以及为皮亚琴察创作的《西斯廷圣母》（现藏于德国德累斯顿）。
1514 年	布拉曼特去世，拉斐尔被任命为圣彼得大教堂建筑师。
1515 年	拉斐尔被任命为古罗马遗迹负责人，在罗马教皇法院（papal curia）的职责因此增加。他繁重的工作包括管理一间制度完善、人员完备的工作室，拉斐尔在此从事绘画，形成了一套发源于古罗马遗迹的装饰范式，完善了灰泥墙与湿壁画之间的组合关系。
1516 年	在梵蒂冈装饰红衣主教比别纳（Cardinal Bibbiena）的浴室，开始在梵蒂冈宫长廊的工作。拉斐尔也为西斯廷教堂的挂毯绘制了大样，因其作为考古学家与古代艺术鉴赏家的盛名，拉斐尔被视作文艺复兴理想——古典艺术基础上的现代文明——的化身。

1517年	朱利奥·德·美第奇[8]对两幅纳博讷（Narbonne）教堂祭坛画的委托，加深了拉斐尔与米开朗琪罗之间的宿怨。拉斐尔受命绘制《基督变容》（现藏于梵蒂冈画廊），而米开朗琪罗为由塞巴斯蒂亚诺·德尔·皮翁伯（Sebastiano del Piombo）完成的《拉撒路的复活》（*The Resurrection of Lazarus*，现藏于伦敦国家美术馆）绘制了大样。赚到钱的拉斐尔花费三千杜卡特买下了离梵蒂冈不远的卡布里尼宫（Palazzo Caprini）作为私人宅邸。
1518年	完成法内仙纳庄园长廊（Loggia della Farnesina）的装饰。负责罗马建筑及城市规划。拉斐尔购买了罗马的一处葡萄园，并因装饰阿方索·德斯特公爵（Duke Alfonso d'Este）的更衣室与费拉拉宫廷保持联络。
1519年	拉斐尔与作家巴尔达萨雷·卡斯蒂廖内一同致信教皇利奥十世，呼吁保护古典遗迹，这是有关艺术品保护的最早文献之一。随着拉斐尔在梵蒂冈宫长廊的工作完成，西斯廷教堂的挂毯也逐渐运抵，拉斐尔计划在圣彼得大教堂前竖立一块大型方尖碑。
1520年	4月6日，基督受难日，也是拉斐尔的生日，梵蒂冈宫出现了一道不祥的裂痕，当晚刚满三十七岁的拉斐尔死于或由疟疾引发的高烧。棺木上放着他的遗作——尚未完成的祭坛画《基督变容》。瓦萨里后来写道："看着他毫无生气的遗体与生机勃勃的作品，所有人都哀恸不已。"

作 品

　　该部分完整展示了本书所涉及的拉斐尔的绘画作品,并配有作品目录编号(与文中一致)和相关说明文字,作品按照时间顺序排列。

　　作品介绍包含以下内容:

　　——简短的描述性标题,大致的创作年份;

　　——当前收藏地;

　　——以厘米为单位的作品尺寸,高度在前,宽度在后;

　　——技法。

1 《圣塞巴斯蒂安》，1501—1502 年

St Sebastian

贝加莫，卡拉拉学院
43cm × 34cm
木板油画

2 《受胎告知》（出自欧迪祭坛画台座部分），1502—1503 年

The Annunciation（from the predella of the Oddi Altarpiece）

梵蒂冈，梵蒂冈画廊
27cm × 50cm
布面油画

3 《圣母加冕》（欧迪祭坛画），1502—1503 年

The Coronation of the Virgin（Oddi Altarpiece）

梵蒂冈，梵蒂冈画廊
267cm × 163cm
木板转布面油画

4 《蒙德受难》（又名《加瓦里受难》），1502—1503 年

Mond Crucifixion（Crocifissione Gavari）

伦敦，国家美术馆
281cm × 165cm
木板油画

5 《伊丽莎白·冈萨加肖像》，约 1503 年

Portrait of Elisabetta Gonzaga

佛罗伦萨，乌菲齐美术馆
53cm × 37cm
木板油画

6 《圣米迦勒与龙》，1503—1505 年

St Michael and the Dragon

巴黎，卢浮宫
31cm × 27cm
木板油画

7 《圣乔治与龙》，1503—1505 年

St George and the Dragon

巴黎，卢浮宫
29cm × 25cm
木板油画

8 《圣母的婚礼》，1504 年

The Marriage of the Virgin

米兰，布雷拉美术馆
170cm × 117cm
木板油画

9 《大公爵圣母》，1504 年

Madonna of the Grand Duke

佛罗伦萨，皮蒂宫帕拉提美术馆
84cm×55cm
木板油画

10 《康纳斯圣母》，1504 年

Conestabile Madonna

圣彼得堡，冬宫博物馆
直径：17.9cm
木板转布面蛋彩画

11 《男子肖像》，约 1504 年

Portrait of a Man

佛罗伦萨，乌菲齐美术馆
51cm×37cm
木板油画

12 《骑士之梦》，约 1504 年

The Vision of a Knight

伦敦，国家美术馆
17cm×17cm
木板油画

13 《美惠三女神》，1504—1505 年

The Three Graces

尚蒂伊，孔代博物馆
17cm×17cm
木板油画

14 《小考佩尔圣母》，1504—1505 年

Small Cowper Madonna

华盛顿，国家美术馆
58cm×43cm
木板油画

15 《特拉诺瓦圣母》，约 1505 年

Terranuova Madonna

柏林，国家博物馆绘画陈列馆
直径：86cm
木板油画

16 《抱独角兽的年轻女子》，约 1505 年

Young Woman with Unicorn

罗马，博尔盖塞美术馆
65cm×51cm
木板油画

17 《基督祈福》，1505—1506 年

Christ Blessing

布雷西亚，马尔蒂内尼奥美术馆
32cm×25cm
木板油画

18 《安西帝祭坛画》，1505—1507 年

Ansidei Altarpiece

伦敦，国家美术馆
216.8cm×147.6cm
木板油画

19 《自画像》，1506 年

Self-portrait

佛罗伦萨，乌菲齐美术馆
45cm×33cm
木板油画

20 《阿尼奥罗·多尼像》，1506 年

Portrait of Agnolo Doni

佛罗伦萨，乌菲齐美术馆
63cm×45cm
木板油画

21 《美景宫圣母》（又名《草地上的圣母》），1506 年

Belvedere Madonna or *Madonna of the Meadow*

维也纳，艺术史博物馆
113cm × 88cm
木板油画

22 《巴达齐诺圣母》，1506—1508 年

Madonna of the Baldacchino

佛罗伦萨，皮蒂宫帕拉提美术馆
276cm × 224cm
布面油画

23 《圣母子与小施洗者圣约翰》（又名《金丝雀圣母》），1507 年

Madonna and Child with St John or *Madonna of the Goldfinch*

佛罗伦萨，乌菲齐美术馆
107cm × 77cm
木板油画

24 《圣母子与小施洗者圣约翰》（又名《美丽的园丁》），1507 年

Madonna and Child with the Infant St John or *La Belle Jardinière*

巴黎，卢浮宫
122cm × 80cm
木板油画

25 《卡尼贾尼的圣家族》，1507 年

Canigiani Holy Family

慕尼黑，老绘画陈列馆
131cm × 107cm
木板油画

26 《年轻女子肖像》（又名《哑女》），1507 年

Portrait of a Young Woman or *La Muta*

乌尔比诺，马尔凯国家美术馆
64cm × 48cm
木板油画

27 《基督下葬》（又名《博尔盖塞基督下十字架》）（出自巴里奥尼祭坛画），1507 年

The Entombment of Christ or *Borghese Deposition* (from the Baglioni Altarpiece)

罗马，博尔盖塞美术馆
184cm × 176cm
木板油画

28 《希望》（出自巴里奥尼祭坛画台座部分），1507 年

Hope (from the predella of the Baglioni Altarpiece)

梵蒂冈，梵蒂冈画廊
18cm × 44cm
木板油画

29 《坦比圣母》，1508 年

Tempi Madonna

慕尼黑，老绘画陈列馆
75.3cm × 51.6cm
木板油画

30 《埃斯特哈齐圣母》，约 1508 年

Esterhazy Madonna

布达佩斯，美术博物馆
29cm × 22cm
木板蛋彩及油彩画

31 《签字厅天顶》，1508—1511 年
Ceiling of the Stanza della Segnatura

梵蒂冈，教皇宫签字厅
湿壁画

32 《雅典学派》，1509 年

The School of Athens

梵蒂冈，教皇宫签字厅
底部宽度：770cm
湿壁画

33 《帕纳苏斯山》，1509—1510 年

The Parnassus

梵蒂冈，教皇宫签字厅
底部宽度：670cm
湿壁画

34 《阿尔巴圣母》，约 1511 年
Alba Madonna

华盛顿，国家美术馆
直径：94.5cm
木板转布面油画

35 《托马索·因吉拉米肖像》，1510—1514 年
Portrait of Tommaso Inghirami

佛罗伦萨，皮蒂宫帕拉提美术馆
91cm×61cm
木板油画

36 《圣礼之争》，1510—1511 年

The Disputation of the Holy Sacrament

梵蒂冈，教皇宫签字厅
底部宽度：770cm
湿壁画

37 《伽拉忒亚的胜利》，1511 年

The Triumph of Galatea

罗马，法内仙纳庄园
295cm × 225cm
湿壁画

38 《佛利诺圣母》,1511—1512 年

Madonna of Foligno

梵蒂冈,梵蒂冈画廊
320cm × 194cm
布面油画

39 《先知以赛亚》,1511—1512 年

The Prophet Isaiah

罗马,战神广场圣奥斯定圣殿
250cm × 155cm
湿壁画

40 《西斯廷圣母》,1512—1513 年

Sistine Madonna

德累斯顿,油画陈列馆
270cm × 201cm
布面油画

41 《伊利奥多罗的放逐》，1511—1512 年

The Expulsion of Heliodorus from the Temple

梵蒂冈，教皇宫伊利奥多罗厅
底部宽度：750cm
湿壁画

42 《博尔塞纳的弥撒》，1512 年

The Mass at Bolsena

梵蒂冈，教皇宫伊利奥多罗厅
底部宽度：660cm
湿壁画

43 《解救圣彼得》，1514 年

The Deliverance of St Peter

梵蒂冈，教皇宫伊利奥多罗厅
底部宽度：660cm
湿壁画

44 《博尔戈火灾》，1514 年

Fire in the Borgo

梵蒂冈，教皇宫博尔戈火灾厅
底部宽度：670cm
湿壁画

45 《圣则济利亚的狂喜》，1514 年

The Ecstasy of St Cecilia

博洛尼亚，国家美术馆
220cm × 136cm
木板转布面油画

46 《椅中圣母》，1514 年

Madonna della Seggiola

佛罗伦萨，皮蒂宫帕拉提美术馆
直径：71cm
木板油画

47 《巴尔达萨雷·卡斯蒂廖内肖像》，1514—1515 年

Portrait of Baldassare Castiglione

巴黎，卢浮宫
82cm × 67cm
布面油画

48 《捕鱼的神迹》，1515 年

The Miraculous Draught of Fishes

伦敦，维多利亚与阿尔伯特博物馆
360cm × 400cm
布面装裱纸本蛋彩画

49 《基督责难彼得》（又名《喂我的羊》），1515 年

Christ's Charge to Peter（*Pasce oves meas*）

伦敦，维多利亚与阿尔伯特博物馆
345cm × 535cm
布面装裱纸本蛋彩画

50 《戴头纱的女子》（又名《头纱》），1516 年

Woman with a Veil（*La Velata*）

佛罗伦萨，皮蒂宫帕拉提美术馆
82cm × 60.5cm
布面油画

51 《与朋友的自画像》，1518 年

Self-portrait with a Friend

巴黎，卢浮宫
90cm × 83cm
布面油画

52 《以西结的异象》，1518 年

The Vision of Ezekiel

佛罗伦萨，皮蒂宫帕拉提美术馆
40cm × 30cm
木板油画

53 《丘比特与赛姬长廊》，1518 年

Loggia of Cupid and Psyche

罗马，法内仙纳庄园
湿壁画

54 《圣米迦勒降服撒旦》，1518 年

St Michael Vanquishing Satan

巴黎，卢浮宫
268cm × 160cm
木板转布面油画

55 《年轻女子肖像》（又名《芙娜蕾娜》），1518—1519 年

Portrait of a Young Woman（*La Fornarina*）

罗马，国家古代艺术美术馆
85cm × 60cm
木板油画

56 《教皇利奥十世、红衣主教朱利奥·德·美第奇、红衣主教路易吉·德·罗西肖像》，1518—1519 年

Portrait of Leo X with Cardinal Giulio de'Medici and Cardinal Luigi de'Rossi

---

佛罗伦萨，乌菲齐美术馆
154cm × 119cm
木板油画

57 《基督变容》，1518—1520 年

The Transfiguration

梵蒂冈，梵蒂冈画廊
405cm × 278cm
木板油画

承前启后

在文艺复兴时期的意大利与欧洲其他地区，比拉斐尔更具创造力、更有戏剧性、更激情澎湃的艺术家不胜枚举，但没有人比拉斐尔对历史与艺术的感受力更强，他能将先辈的遗产凝聚成新的形式，再作为典范传承给后人。尽管没有与历史的全然割裂，没有昭告天下的改弦更张，甚至没有引入新的技术，但仅作为一名温和而有力的优秀艺术家，拉斐尔便足以成为艺术史上的一个转折点。16世纪下半叶到19世纪，甚至是20世纪国际绘画史上所有重要的发展，都不可避免地与拉斐尔作品中的平衡、自然、表现力、颜色、光线、形式、构图有着千丝万缕的联系。

拉斐尔地位如此重要的原因之一，是他意识到了艺术作品在文化历史中的角色，以及在美学、社会与道德方面的重要性。拉斐尔深信，艺术的力量可以提升人甚至整个国家的灵魂。他对古典艺术的爱，不是出于考古学的层面，而是因为古代艺术可以轨物范世（exempla virtutis），成为高尚品德的典范。正如签字厅的半月形饰面壁画庄严展现的那样，拉斐尔认为伟大的诗人、哲学家、文学家都借由自己的作品而在世间永生，并持续做出积极的贡献。拉斐尔在罗马事业成熟的时候，当地古典遗迹的发掘也令人欢欣鼓舞。罗马紧锣密鼓地开始探索尼禄金宫[9]的壁画以及灰泥墙宫殿；系统研究图拉真记功柱（Trajan's Column）、1506年出土的拉奥孔群雕（Laocoön），以及梵蒂冈庭院与回廊中如同博物馆一般陈列的古典大理石像群。而与此同时，16世纪早期的罗马也见证了人们为了获得优质的材料，为了腾出空间给新建筑，而对古典遗迹不断进行无差别的破坏。拉斐尔的同乡与友人，建筑师布拉曼特就因不假思索地拆毁了大量遗迹而获得"废墟大师"的花名。1514年布拉曼特去世时，坊间流传着一则笑话：布拉曼特在天堂门口遇见了圣彼得，圣彼得指责他建造新建筑时拆毁了太多古罗马建筑，布拉曼特却从围墙上方扫了一眼天上的耶路撒冷，不以为耻地回答道，这里也该拆一拆了。

此后不久，1519年拉斐尔和他的朋友文学家巴尔达萨雷·卡斯蒂廖内共同撰写了一通斐然的信札，上款人为利奥十世，信中二人敦促教皇维护古典时期遗迹——"光荣而伟大的意大利古典的母亲"。这通至今可圈可点的信札指出战争与和平、破坏与美好是直接相关的概念："时不我待，教皇殿下，请保护无与伦比的古典遗迹，追平并超越它们的水准，一如您建造的辉煌建筑；褒扬美德，唤醒天才，嘉奖善行，在基督教王公中播撒神圣的和平种子。战争的灾祸令一切艺术与准则蒙难，也令出生于和平年代的人们的幸福殆灭。"

无疑，生活在战乱与动荡中的拉斐尔相信艺术可以为整个世界带来和平、安宁与幸福。

　　这幅或完成于 1507 年的圣家族像，是佛罗伦萨贵族侁俪多梅尼科·卡尼贾尼（Domenico Canigiani）与卢克雷齐亚·弗雷斯科巴尔迪（Lucrezia Frescobaldi）收到的新婚礼物之一，构图中确定性与复杂性的增加，体现了拉斐尔在佛罗伦萨学习的后期技艺日臻完善。1504 至 1508 年，年轻的拉斐尔频繁与托斯卡纳地区文化界人士接触，并同他们建立了良好的关系。画面中光线色调与景物颜色的浓度与变化，都与同一时期的威尼斯绘画相映成趣。艺术家以巧妙精思串起乡野风景中闪亮的水面、远方朴素的村屋，以及正在上山的乡下姑娘。左侧的一座大型教堂，坚固的尖塔式钟楼令人想起阿尔卑斯山北麓的哥特风格，与托斯卡纳地区的建筑风格相去甚远。

《卡尼贾尼的圣家族》（作品目录 25）

小巧精致的《埃斯特哈齐圣母》见证了拉斐尔从佛罗伦萨到罗马的旅程。尽管尺幅很小，但这张画并未完成。作为 18 世纪之前的作品却没有订制人信息，这表明拉斐尔可能是在佛罗伦萨开始动笔，并将其当作自留作品随身带至罗马。乌菲齐美术馆素描部现存的一幅精细的画稿保存了最初的构图，作品与画稿相比有一个显著的不同：作品的左侧并非乡野风光，而是一组古罗马遗迹。这些古罗马建筑非比寻常，拉斐尔精确地再现了涅尔瓦广场[10]上复仇者玛尔斯神庙（Temple of Mars Ultor）的三根带过梁的圆柱，圣巴西略（St Basil）教堂（毁于 19 世纪初）尖细的钟楼，以及后侧的孔蒂塔（Torre dei Conti）。拉斐尔对古典时期艺术的关注从此延伸至方方面面：绘画创作、梵蒂冈宫所藏雕塑的展示、开展考古事业、尝试绘制古罗马地图，以及致信敦促教皇利奥十世保护罗马古迹。

《埃斯特哈齐圣母》（作品目录 30）

签字厅可能是"文艺复兴"一词含义最完整的体现，即古典文化的回归与基督教的和谐融合，形成当下全面的体验。古代是现代的基石，并通往未来。这幅敬献给哲学的半月形饰面（即《雅典学派》）以古希腊思想家柏拉图与亚里士多德为中心，最右侧拉斐尔的自画像则令画面立即有了现实感。艺术家旁边手持天象仪的人是通常被当作天文学创始人的波斯智者查拉图斯特拉；背对观众手持地球仪、头戴王冠（误参考了埃及同名法老的素材）的是地理学家托勒密；而拉斐尔身边身着白袍者的身份仍未有定论。有观点认为着白袍者是文艺复兴画家彼得罗·佩鲁吉诺（又提供了一条连接过去与现在的线索），但壁画完成时佩鲁吉诺已年逾花甲，而画中人尚且年轻。此人亦有可能是出生于韦尔切利（Vercelli）、人称索多玛的画家乔瓦尼·安东尼奥·巴奇（Giovanni Antonio Bazzi），当时他正受雇工作于此厅。

《雅典学派》（作品目录32）

"向诗坛王子致敬",庄严的话语回响在《神曲·地狱篇》第四章荷马出场之时,这是灵薄狱中的场景,基督降临前正直的灵魂都栖息在此,但丁想象自己在维吉尔的陪伴下与几位古典时期的作家会面并交谈。拉斐尔在《帕纳苏斯山》壁画中将但丁与荷马的正面像安排在显著的位置。荷马的头像直接取自1509年重见天日的希腊化时期的名作拉奥孔群雕。《帕纳苏斯山》以卓越的画面展示了诗人可以凭借世代流传的作品实现永生。鹰一般的但丁侧面像则在签字厅出现了两次——《圣礼之争》的神学家中间也有但丁的身影。

《帕纳苏斯山》(作品目录33)

梵蒂冈宫教皇客房的湿壁画装饰工程始于1514年，完成于利奥十世任期内的1517年。墙壁上四个篇章的壁画都展示了同名为"利奥"的教皇们的重要事迹，此厅以其最为著名的、唯一一幅由拉斐尔亲自动笔完成的半月形饰面命名。公元847年，利奥四世出现在恩典长廊（Loggia of the Blessings），奇迹般地熄灭了梵蒂冈宫附近博尔戈（Borgo）平民区熊熊燃烧的大火。拉斐尔利用这一中世纪的情节，展示了圣彼得大教堂中君士坦丁大帝时期遗留的马赛克装饰的立面。拉斐尔生活的时代，布拉曼特的新建筑规划导致早期基督教教堂纷纷被拆毁，因而，画面中的教堂成了历史的见证。

《博尔戈火灾》（作品目录44）

一些评论家认为，梵蒂冈宫的第三间客房以博尔戈火灾为主题并非只是向以前那些名为"利奥"的教皇致敬，而是带有强烈的现实意义：利奥十世希望法国与西班牙之间的战火能够平息。拉斐尔在此又一次成功地将历史带入现实，逃离火灾的人群中出现了一组"古典"人物（灵感来自荷马与维吉尔的诗歌）：埃涅阿斯（Aeneas）背着虚弱的父亲安喀塞斯（Anchises），带着幼子阿斯卡尼俄斯（Ascanius）一起逃离特洛伊城。画家对这些人物肌肉组织的表现显然是在致敬刚刚完成西斯廷教堂巨幅天顶画的米开朗琪罗。

第 52—53 页

拉斐尔重新发掘与复兴古典艺术的高峰，是装饰巴尔达萨雷·佩鲁齐为银行家阿戈斯蒂诺·基吉在台伯河畔建造的别墅，此屋后归法内斯家族，人称法内仙纳庄园。拉斐尔与佩鲁齐、塞巴斯蒂亚诺·德尔·皮翁伯、索多玛的杰作在此交相辉映。一层大厅内由拉斐尔绘制的第一幅湿壁画，描绘了美丽的宁芙（nymph）伽拉忒亚驾驶着由两只海豚牵引且带有桨叶的巨大贝壳，以这种不同寻常的方式划过西西里的水域。在她周围，半人半神们在浪花间嬉戏追逐，丘比特从空中射出爱意之箭。临近的一幅壁画出自塞巴斯蒂亚诺·德尔·皮翁伯之手，画面中独眼巨人波吕斐摩斯（Polyphemus）正从一块岩石背后张望。拉斐尔重构了古典时期的场景，不仅呈现了神话母题，也借此机会展示了明澈的光线、安谧的文学趣味，以及特里同[11]、水泉女神和半人马奇妙而可信的身体构造。

《博尔戈火灾》（作品目录 44）
第 52—53 页，《伽拉忒亚的胜利》（作品目录 37）

位于法内仙纳庄园的一幅湿壁画《丘比特与赛姬长廊》完成于《伽拉忒亚的胜利》之后数年，再次令人叹为观止地复兴了古典时期的风格。比对这些湿壁画与拉斐尔二十岁的作品《美惠三女神》，可见艺术家此时技艺已全面成熟，不仅单纯想象或重复使用古典时期的图像，还赋予了神话新的形式，使之更真实、丰富、可信。丘比特与赛姬的故事因自然、写实的人物形象而栩栩如生。人文主义的灵感完全融于"现代"风格之中，它注定要被后代艺术界模仿（或误读）。

《丘比特与赛姬长廊》（作品目录 53）

追求完美

"完美"是不是衡量艺术品的恰当标准？或许不是。人类的每一种表达与创造都是追寻的过程，拉斐尔也曾明确表示自己的风格没有终点，而是持续演进直到最后一刻。尽管如此，"完美"一词经常被用来评论拉斐尔的作品，使用频率远超过对其他任何时代、任何地区的艺术家的相关研究。

16世纪学者洛多维科·多尔切（Lodovico Dolce）在《绘画的对话：致阿雷提诺》（*Dialogo della pittura, intitolato l'Aretino*，1557）一书中写道，"他做事不假思索而无拘无束，此为终极完美的标志"；焦万·保罗·洛马佐（Giovan Paolo Lomazzo）在《理想的绘画神殿》（*Idea del tempio della pittura*，1590）中写道，"他可谓是集艺术的伟大与完美于一身"。而瓦萨里毫不犹豫地将其等同于神明："我们可以确言，拥有拉斐尔这般天赋者均非凡人，而是凡间之神。"（《名人传》，1568）

在来自各国多种语言写就的对拉斐尔的著名评论之中，均可找到关于"完美"的概念。欧仁·德拉克洛瓦（Eugène Delacroix）在《巴黎评论》（*Revue de Paris*）上发表的文章《拉斐尔》（1830）、格奥尔格·弗里德里希·黑格尔（Georg Friedrich Hegel）的《美学演讲录》（*Vorlesungen über die Ästhetik*，1835）、约翰·拉斯金（John Ruskin）的《拉斐尔前派》（*Pre-Raphaelitism*，1851）几乎在同一时期提及了"完美"一词，这样的例子不胜枚举。

所以，拉斐尔被冠以的盛名"完美"（尽管不可能达到）究竟为何物？他最被同代人仰慕并推崇的品质之一或许便是温和，他自然流露的画面与他同辈最伟大的艺术家们——米开朗琪罗的宏大戏剧效果、达·芬奇强烈的智性——形成鲜明的对照。此优势当然出自他内在的天赋，但也曾经历过小心谨慎的发展阶段以及刻苦的技法练习。可为例证的是展示了《雅典学派》大样逐步确认过程的一系列精美画稿，这些无价之宝现藏于米兰安布罗焦图书馆（Pinacoteca Ambrosiana），最近刚完成了细致的修复以及博物馆学评估。

拉斐尔的"完美"不仅来自人体、面庞、光线与颜色所带来的即时的美感，他最为关注的是画面构图，即在特定场景中依照某种叙事逻辑安排人物的位置与动作。无论是简单的圣母子像还是生动而复杂的场景，均衡而有效的构图结构都是拉斐尔首要而根本的目标。

拉斐尔1504年之前的早期作品有着别样的魅力。童年与青年时代的拉斐尔，在意大利中部马尔凯斯与翁布里亚两地优美的山地风光间得到了全面、正式而先进的艺术训练。在此基础上孕育出的，是一种完美平衡了自然光线与古典时期丰富意蕴的绘画技法。三位轻轻相拥的美惠女神各持一只象征着永生的金苹果，这一灵感来源于一尊希腊化风格的大理石雕像，该雕像的一个版本现藏于锡耶纳皮克洛米尼图书馆（Libreria Piccolomini），拉斐尔对其应十分熟悉。但拉斐尔的作品不仅是对古典群像的借鉴，他笔下年轻女子形象的精确性来自对模特的直接观察，精致细腻的自然光线的笼罩使其拥有柔和的轮廓。

《美惠三女神》（作品目录13）

1504年底至1505年初，抵达佛罗伦萨后不久，拉斐尔开始冒险尝试绘制圆形画。圆形画是15世纪至16世纪佛罗伦萨地区常见的委托作品形式，这种形式所要求的画面布局与方形绘画的中心线性透视有着显著区别。就在此幅作品开始创作前不久，米开朗琪罗绘制了《多尼圆形画》（*Doni Tondo*），画中人物构成了十分复杂的图像。但在这件作品中，拉斐尔选择了更为简单而具有流动性的构图，人物姿态与目光方向之间的联系松弛而简洁。人物面孔与纸卷的处理带有佩鲁吉诺的痕迹，但从风景部分温暖慵懒的色调以及人物与景物融为一体的画面气息来看，来自达·芬奇的影响更为明显。

《特拉诺瓦圣母》（作品目录15）

巨大的半月形饰面画《圣礼之争》是拉斐尔在签字厅墙壁上完成的第一幅湿壁画，以签字厅书架上的书籍内容为主题。《圣礼之争》在安放圣体匣的祭坛周围两个半圆形的区域内绘制了数量众多的人物，以展示凡间与天堂的宏伟图景。尽管表现了热闹的场景，构图却十分严谨，一如他的旧作《圣母的婚礼》（1504），构图严格沿着中轴线展开：从上至下分别是天父、展示圣痕的基督，以及祭坛上方象征圣灵的鸽子，它们完美地将空间与人物垂直分成两个部分。拉斐尔又一次在大型作品中以简单而自然的方式成功处理了几何结构。

《圣礼之争》（作品目录 36）

《西斯廷圣母》,拉斐尔在装饰梵蒂冈宫伊利奥多罗厅期间便开始构思,旨在在圣像与观者之间建立起感性的连接。在这幅画中,拉斐尔再次选用三角形构图表现主要人物(圣母子位于最高处,圣西斯笃与圣巴巴拉对称位于两侧),但他摒弃了以建筑为参照的做法,用悬浮在空中的人物令观者产生身临其境的幻觉。圣母子款步下行走向画面前景,目光直接望向观众,在现实与理想、古典范式与自然主义之间创造出难以超越的平衡感。

圣母的面庞出自拉斐尔的情人玛格丽塔·卢蒂(Margherita Luti),卢蒂是锡耶纳圣多罗特阿(Santa Dorotea)地区一位面包师的女儿,芳号"芙娜蕾娜"(La Fornarina)。有着一双大而深陷的眼睛的芙娜蕾娜也是《椅中圣母》、《圣则济利亚的狂喜》中抹大拉的马利亚以及《戴头纱的女子》的模特。

诗人与艺术史家对《西斯廷圣母》的思考与赞誉往往最终溢于言表。而为了捕捉作品的迷人之处,有时不得不创造出新的词汇。画家与作家路易吉·佩莱格里尼·斯卡拉穆恰(Luigi Pellegrini Scaramuccia)在1674年于帕维亚(Pavia)出版的著作《微妙的意大利画家》(*Le finezze de' pennelli italiani*)中,虚构了一段欣赏全意大利绘画名作的漫长旅程,而拉斐尔的绘画被赋予了近乎神秘主义的特征,可以打开通往天堂的大门:"这些历史与精美的绘画具有让观者置身天堂的力量,它们的盛名超绝尘寰。"

《西斯廷圣母》(作品目录40)

1511年前后，拉斐尔完成了梵蒂冈宫第一间客房的装饰，并开始了第二间客房的工作，《阿尔巴圣母》是圆形画的又一力作，见证着画家持续的钻研以及对自我表达的精益求精。与在佛罗伦萨时期的作品相比，《阿尔巴圣母》的构图更为舒展，而对人体解剖结构与姿态的处理水平不亚于米开朗琪罗，人物（以三位人物的眼睛构成的对角线为基准，严格按照几何结构安排）与自然风景融为一体，在柔和的光线中，风景延伸至远方。这幅作品于1527年戏剧性的"罗马之劫"期间被带出罗马，随后开启了漫长而复杂的流转历程。

《阿尔巴圣母》（作品目录34）

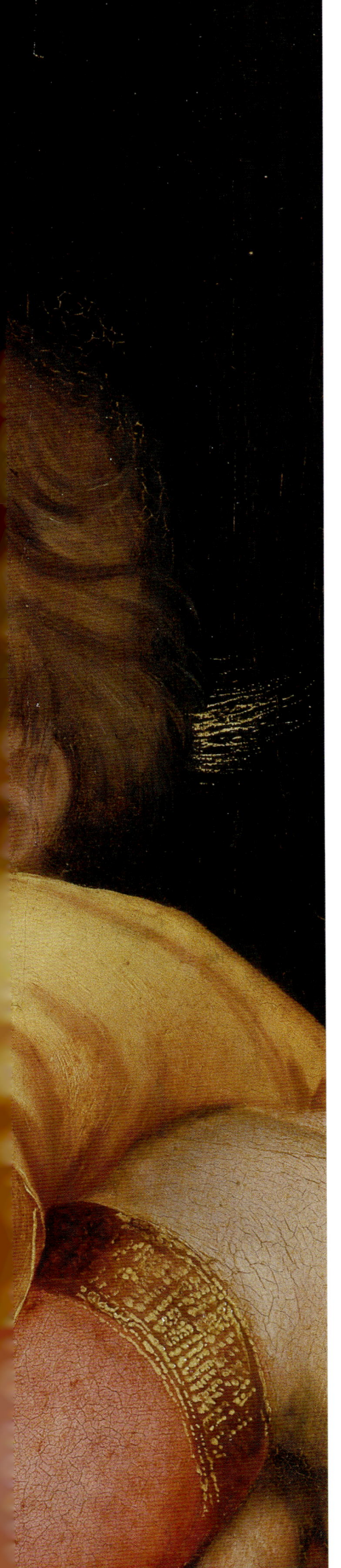

为了展示这幅杰作的力量，恩斯特·贡布里希（Ernst Gombrich）曾在一篇著名的论文中将这幅精彩绝伦的绘画与一幅剃须刀广告并列对比，该广告向消费者允诺"完美"的剃须体验并附上一张圆脸的图片。拉斐尔在佛罗伦萨期间，绘制圆形画越发游刃有余：此画的几何中心是小耶稣略为凸出的手肘，围绕耶稣展开的炫目而和缓的螺旋构图在艺术史上无人能及。从风格上来看，《椅中圣母》综合了达·芬奇的《蒙娜丽莎》与米开朗琪罗的《多尼圆形画》，但这种艺术批评式的解读并不能涵盖画中人物的爱意与微笑所产生的甜美魅力。圣母简单而随意的姿态以及罕见的装束——肩头的披巾——令此作品一直以来都被误认为是在迎合"流行"趣味。这种观点也催生出了许多吸睛却不可信的传说，比如这幅精致的绘画原本是用粉笔画在桶底。此外，意大利文原题中所指的是普通座椅，而画中的圣母却坐在一张雕花镏金且覆有天鹅绒的优雅扶手椅上。

第 70—71 页

《头纱》或许是拉斐尔职业生涯中最醒目而迷人的女性肖像，该女子一直被认定是画家的情人芙娜蕾娜。画中人温柔的凝视传递着模特与艺术家之间强烈的共情；精细的服装，尤其是前景中鲜明的灯笼袖也强化了微妙的情绪。金白相间的布料堆叠出层次丰富而自然的褶皱，令柔和的光线与暗部的深度均得到升华。

《椅中圣母》（作品目录 46）
第 70—71 页，《戴头纱的女子》，又名《头纱》（作品目录 50）

修复与分析工作消除了长久以来关于此画是否完全出自拉斐尔之手的质疑。这幅名作是玛格丽塔·卢蒂——著名的芙娜蕾娜——的肖像。清晰的轮廓与强烈的光线（因修复而有所减弱）令一些早期学者相信此画是交由朱利奥·罗马诺完成的。这幅肖像是爱情的宣言：拉斐尔在饰带上的签名仿佛是印在他心爱之人手臂上的一吻。尽管拉斐尔在罗马居住多年，但他仍使用了"乌尔比纳斯"（urbinas）的称谓，以强调他与乌尔比诺地区亲缘与艺术的联结。

《年轻女子肖像》，又名《芙娜蕾娜》（作品目录 55）

1516年，红衣主教朱利奥·德·美第奇为其在纳博讷的主教座席定制了这张大型祭坛画，而塞巴斯蒂亚诺·德尔·皮翁伯为了与之争锋，根据米开朗琪罗的画稿完成了《拉撒路的复活》，两幅作品相辅相成。在画面最高处超逸空灵的气氛中，光芒四射的基督向着光明、圣洁与纯粹飞升而去。艺术家按照福音书中的非凡描述，将安详升入天堂的基督身上的长袍绘制成闪耀的白色。拉斐尔在这件作品中对神圣与完美的表达无人能及。

1520年4月的基督受难日，拉斐尔因高烧英年早逝，《基督变容》虽功亏一篑，但曾出现在拉斐尔的葬礼上。

《基督变容》（作品目录 57）

空间感

精巧的乌尔比诺"宫即是城，城即是宫"（借用巴尔达萨雷·卡斯蒂廖内的说法），四周山丘、林地与田地相间。拉斐尔生长的自然环境与文化传统中贯穿着用数学方法对风景与建筑的调控。归功于弗朗切斯科·迪·乔治·马丁尼（Francesco di Giorgio Martini）、皮耶罗·德拉·弗朗切斯卡（Piero della Francesca）、布拉曼特等前辈的贡献，乌尔比诺成为人文主义者思考在以几何学、黄金分割、维特鲁威人体比例为建筑理想的基础上，创造乌托邦式"理想之城"的中心。拉斐尔对这一问题毕生的思考，都呈现在其令人难忘的绘画作品（如《雅典学派》中绝伦的风景）、构造完美的早期肖像与祭坛画，以及他在罗马规划的为数不多的建筑之中。

尽管自身的影响力从未消退，但拉斐尔很早便意识到世界的历史进程。他可能是 16 世纪初意大利艺术家与知识分子群体中最早意识到地理发现的重要性的先驱之一。1507 年，拉斐尔也在佛罗伦萨见证了"新大陆"以佛罗伦萨航海家亚美利戈·韦斯普奇[12] 之名命名的决定。拉斐尔并不认为大洋中的航程会威胁到古典世界，或是传统概念中以耶路撒冷为象征中心的三分天下（欧洲、亚洲、非洲）的格局。他怀着平和与自信，拓宽自己风景画的视野——比佩鲁吉诺更为深邃而真实，比达·芬奇戏剧化的晕染法更平静而明丽。

15 世纪的线性透视构图，最初以单一灭点为中心组织画面，随后拓展为一种新的"现代"视野：拉斐尔所绘的背景蜿蜒向无限的远方，地平线的高度根据与前景的关系精心计算得出。地中海晴朗、明净、温暖的光线对于营造自然而有深度的空气感至关重要。当地的气候造就了这种不同于佛莱芒的绘画风格，拉斐尔在乌尔比诺通过画家根特的尤斯图斯 [(Justus of Ghent)，即约斯·范·瓦森霍芬（Joss van Wassenhoven）] 的作品了解到佛莱芒绘画。拉斐尔从其他艺术家作品中吸取灵感的天赋为他画面中的自然与建筑空间带来新的视觉效果——不同层次的和谐相融之中包含着渐进而清晰的过渡，最强的亮度集中于最远处的地平线上。

　　拉斐尔绘画中对建筑透视的第一次重要尝试，出现在欧迪祭坛画台座部分的小型圣母像上。这些作品的主题和构图，与佩鲁吉诺为法诺（Fano）新圣马利亚（Santa Maria Nuova）教堂绘制的祭坛台座画相仿，一些学者甚至认为拉斐尔也参与完成了后者。此幅《受胎告知》的场景设置在空旷的柱廊（portico）之中。立柱与人物的阴影暗示着光线的方向，而左上角连拱下袖珍的天父像进一步加强了空间的深度。

《受胎告知》（出自欧迪祭坛画台座部分）（作品目录2）

我们应衷心感谢卡斯泰洛城中被称为"提弗纳提"[13]的居民们。这座台伯河谷地中的小商镇位于圣塞波尔克罗（Sansepolcro）与佩鲁贾之间，正是这里的市民发掘了少年拉斐尔的异禀天赋。年轻的拉斐尔在卡斯泰洛城完成了四幅主要作品，但如今只有横幅的《圣三位一体》（*Banner of the Holy Trinity*）仍在城中。残存的《托伦蒂诺的圣尼古拉斯》（*St Nicholas of Tolentino*）祭坛画散落在那不勒斯与布雷西亚（Brescia）；《圣母的婚礼》被米兰布雷拉美术馆奉为至宝；而为圣多明我（San Domenico）教堂中加瓦里家族（Gavari family）祭坛创作的受难图，现藏于伦敦国家美术馆圣斯布里侧翼（Sainsbury Wing）尽头专门展示14世纪至15世纪欧洲绘画的展厅中。拉斐尔创作《蒙德受难》时尚不足二十岁，人物的姿态与神情显然受佩鲁吉诺影响，瓦萨里甚至认为这幅受难图可以看作佩鲁吉诺的作品。但拉斐尔对人物与自然空间的关系的处理更为高明：画中十字架两侧的人物并非排成一列直线，而是在画面空间略深处的位置，这就令整个构图得以伸展。

《蒙德受难》，又名《加瓦里受难》（作品目录4）

在他首张杰作所绘的中央神庙正中的拱门上，拉斐尔用娟秀的大写罗马字母写下了自己的名字与日期，并使用了"乌尔比纳斯"的称谓。这位二十岁的画家以这样的方式强调自己根植于蒙太费尔特罗宫廷的人文主义传统，以及他与布拉曼特的密切关系——画面中的建筑坐落于高台之上，四周柱廊环绕，显然受到了布拉曼特的启发。

此画最初是为卡斯泰洛城圣多明我教堂所作，拿破仑时代被转移至米兰布雷拉美术馆。佩鲁吉诺为珍藏着圣母婚戒圣迹的佩鲁贾大教堂创作的绘画有着类似的构图，拉斐尔此画是对他的公开致敬。但拉斐尔的作品正是在模仿之中超越了大师的范式，令佩鲁吉诺的作品黯然失色。此画的场景设置在宽阔的铺石前庭，并消融在远方风景中的山丘与林地间。这些明亮的景物凝聚在神庙正中两扇打开的门之中。建筑与自然世界达成和谐，人物也以简约的半圆形分布，呼应着神庙的拱顶和画面的形状。

《圣母的婚礼》（作品目录 8）

1780年前后，乔治·拿骚·克拉弗林－考珀（George Nassau Clavering-Cowper）伯爵成功购得两幅拉斐尔在佛罗伦萨时期的圣母像，这两幅作品最后都归于华盛顿国家美术馆（尽管时间不同），因尺寸略有不同，名称中分别加入了"小"和"大"。《小考佩尔圣母》绘制于拉斐尔初到佛罗伦萨时，明显受到达·芬奇的影响，背景的深度以蓝灰色层层递进，山顶的教堂（建筑结构与拉斐尔《卡尼贾尼的圣家族》背景中的教堂类似）是标记与地平线距离的参照点。圣母子形体上的相似性令人惊奇。

《小考佩尔圣母》（作品目录14）

对这幅绘画的修复曾是一个著名的项目。这幅画大面积画面被重绘，直到20世纪初都保持着重绘后的样子。重绘后，模特的肩头盖着一块朴素的披肩，而独角兽的位置是一片带刺的车轮，即亚历山大的圣加大肋纳（St Catherine of Alexandria）殉道的碌轮。大规模的修改令此画一度被认为是安德里亚·德尔·萨尔托（Andrea del Sarto）或是其他16世纪初佛罗伦萨画家的作品。但艺术史家罗伯托·隆吉（Roberto Longhi）在修复进行之前便坚称此画出自年轻的拉斐尔之手，1935年出色的画面清洗工作复原了女子怀抱中象征处女贞洁的独角兽，确认了隆吉的直觉。

此画显然受到达·芬奇的影响，几乎是《蒙娜丽莎》与《抱银鼠的女子》（The Lady with an Ermine）的综合体，但更加柔和而明晰的颜色突出了模特的优雅。另一个重要的特点是画面中的两根立柱恰好将年轻女子忧郁的面庞镶嵌其中。

《抱独角兽的年轻女子》（作品目录16）

拉斐尔为佩鲁贾圣母忠仆会教堂中安西帝家族礼拜堂所作的《安西帝祭坛画》有着明确而严格的空间感,翁布里亚画家所推崇的装饰趣味在此画中几乎无迹可寻。拉斐尔再一次仿照皮耶罗·德拉·弗朗切斯卡基于简单几何形体的透视模型。圣母宝座的基座是三个尺寸渐大而几何比例严谨的木制立方体,光线完美地打在每一个台阶的顶面上。

《安西帝祭坛画》(作品目录 18)

在佛罗伦萨居住的后期,拉斐尔创作了三幅圣母子与圣约翰的绘画作品,它们现分别藏于乌菲齐美术馆、卢浮宫以及维也纳艺术史博物馆。三幅作品与达·芬奇作品的相似之处［金字塔形的人物群像令人想起《圣母子与圣安妮》(*The Virgin and St Anne*)］在于,都用流畅优雅的笔触毫不费力地展现平和的自然光线。现藏于维也纳的作品,因其之前被收藏的地点而被称为《美景宫圣母》,又因场景中点缀着野花的宽敞林间草地而被称为《草地上的圣母》。画面中风景开阔,最远处湖平如镜,洋溢着明媚的春光与至上的美感。

《美景宫圣母》,又名《草地上的圣母》(作品目录21)

　　签字厅第二个半月形饰面湿壁画与哲学类书籍共用一面墙壁。拉斐尔在此展示了一座戏剧舞台,舞台后侧一段庄严而宽阔的台阶上铺设有几何马赛克饰砖,思想家们成群结队,蔚为壮观。雄伟的拱顶笼罩着这一场景,气势恢宏的建筑延伸至远方。这一智慧殿堂的灵感无疑来源于布拉曼特不久前开始主持修建的圣彼得大教堂。在此,艺术家巧妙地为天空、光线与云朵留白,令建筑更加通透。

《雅典学派》(作品目录 32)

　　教皇儒略二世对基督圣体节（Corpus Christi）尤为注重，此幅湿壁画展示了这一节日的来源——1263年在博尔塞纳（Bolsena）发生的一次奇迹：弥撒进行到分圣体（fractio panis）仪式（即分发面饼）时，鲜血从圣体中滴落到了祭坛布上。近八米宽的墙面中间偏左的位置有一扇窗户。拉斐尔将祭坛与背景中的拱顶设置在画面正中，既确定了视觉参照点，又没有妨碍叙事与圣迹的悬念，利用视错觉"矫正"了实体空间的不平衡。这幅湿壁画进一步证明了拉斐尔无论在何种技术、主题和形式的条件下，都具备超凡的空间组织能力。

《博尔塞纳的弥撒》（作品目录42）

1513 年 2 月 21 日儒略二世与世长辞之时，梵蒂冈宫第二间客房的装饰工作尚未完成。湿壁画《解救圣彼得》以其静谧、神秘而怪异的奇景，指代教皇去世是超脱了"世俗的樊笼"。梵蒂冈宫客房内的墙壁部分带有门窗，此幅壁画就位于一扇硕大的方窗上方。场景中不同寻常的中央背光、前景中厚重的监狱栅栏，以及天使超尘脱俗的光芒与透过下面窗户中的阳光相得益彰，湿壁画的技法又使这种绝妙而极具创意的效果锦上添花。

《解救圣彼得》（作品目录 43）

雄　姿

雄　姿

拉斐尔早年便决意为自己的画中人物注入能量与活力。在乌尔比诺的基础训练以及与其他艺术家的交往，甚至包括和坏脾气的卢卡·西尼奥雷利之间的友谊，都促使他开始抛弃佩鲁吉诺绘画中温柔的忧郁。他对表现力的追寻，无论在简单或复杂的构图中都始终如一，无论是单人像还是大型叙事场景，拉斐尔画中人物的姿态和表情都展现着他们独特的个性。

对于这一问题，拉斐尔再一次采用了兼收并蓄的方式，一如既往地依靠他从现实、同辈艺术家和古典时期遗迹中借用并吸取灵感的"组合艺术"（ars combinatoria）能力。拉斐尔像达·芬奇一样，在普通人之中搜求有趣的面孔和日常的姿态，并且与他的后辈卡拉瓦乔（Caravaggio）一样，让侍童协助摆出造型为自己"写生"之用，有时甚至比照人体骨架以保证人物造型在解剖学上的准确性。拉斐尔也投入了大量精力与热情观摩古希腊、古罗马雕塑，尤其是新近发现的作品，例如代表希腊化时期艺术感染力巅峰的拉奥孔群雕。相关学者已经在拉斐尔作品中的古典遗迹、雕像、石棺上找寻到大量引文，这些元素与姿态、表情、人物关系以及构图共同作用，使拉斐尔的绘画更为复杂而精彩。

观众不知不觉地进入画面中的情境，从另一个角度强化了画面人物栩栩如生的表现力。拉斐尔的早期作品深受佩鲁吉诺影响，人物的目光通常回避观众而投向画面内部。但或许是因为在佛罗伦萨与达·芬奇的接触，拉斐尔逐渐探索起人物在画面内外的交互关系。拉斐尔开始让画中人物的视线与观众相接，并以优雅的姿态邀请观众"进入"情景。而在《西斯廷圣母》和《椅中圣母》等作品中，最高处的人物令观众肃然生敬。

拉斐尔与米开朗琪罗在罗马既明争暗斗又惺惺相惜，而在交手的过程中拉斐尔画中的人体结构变得强壮有力。在教皇利奥十世在任期间，从梵蒂冈宫第三间客房开始，拉斐尔作品的表现性特征越发明显，一直延续到和米开朗琪罗西斯廷天顶画中巨人像不相伯仲的使徒行传挂毯[14]大样。

　　拉斐尔早年作品中的人物姿态内敛但不拘谨，观者既可以看出他在乌尔比诺所学"黄金分割"的踪迹，也能感受到佩鲁吉诺绘画中代表性的略带忧郁的气氛。在组合了基础构图元素之后，拉斐尔很快加入了自己基于对光线处理的原创审美技法。即使是图像学传统早已固定的姿势（例如基督用手指着自己的伤口祈福，拉斐尔的父亲乔瓦尼·桑蒂也绘制过这一主题），在柔和朦胧的光线氛围中，也变得更加自然。

《基督祈福》（作品目录 17）

多明我教会主教雅各布·达·瓦拉金（Jacopo da Varagine）的著作《黄金传奇》（Golden Legend）辑录了"次经"福音书（Apocryphal Gospels）中记载的圣徒事迹，其中也包括圣母与圣约瑟的婚礼。根据《黄金传奇》的记载，祭司们向圣母的求婚者分发枯枝，而圣约瑟拿到的那一枝奇迹般地开出了鲜花，象征着他已由神选定为圣母的新郎。拉斐尔的作品选择了圣约瑟为圣母戴上婚戒的瞬间，圣物婚戒存放在佩鲁贾大教堂，此画的创作便出于对这一圣物的崇拜。二十岁的拉斐尔在完美平衡的建筑与自然空间中展示了一个优雅的凝固的瞬间。围成半圆的人物群像中没有一张夸张的面孔，也没有过度激烈的情绪，甚至圣约瑟背后折断自己手中枯枝的求婚失败者都十分平和。

《圣母的婚礼》（作品目录 8）

此幅作品与当时一次戏剧性的事件有关,即巴里奥尼(Baglioni)家族的年轻成员格里芬内托(Grifonetto)在错综复杂的权力斗争中被残忍杀害。此画最初位于佩鲁贾城的圣方济各阿尔普拉托教堂(Church of San Francesco al Prato),是由痛失爱子的格里芬内托的母亲委托,借耶稣受难记的情节,纪念一位无辜青年的逝去以及母亲的哀思。拉斐尔的构图来自故事中两个并不能完全衔接在一起的章节。前景中一些男子正在将耶稣沉重的尸身抬向坟墓,而背景中哭泣的女子们则试图安慰哀恸枯槁的圣母。拉斐尔显然应用了他在佛罗伦萨的所学,画面中对情绪的刻画比其早年作品更为强烈。丰富的表情、优雅的身姿、对古典艺术的借用、对米开朗琪罗作品的呼应,特别是耶稣的身体以及画面右侧扭转身体支撑着圣母的女子,令这一作品成了拉斐尔艺术创作变得成熟而有力的标志。

《基督下葬》,又名《博尔盖塞基督下十字架》(出自巴里奥尼祭坛画)(作品目录27)

在《雅典学派》中，古典时期的哲学家们在画面上的组合活泼而随意，与佩鲁吉诺十年前在佩鲁贾兑汇协会宫所绘庄严肃穆的群像形成了强烈的反差。两位最伟大的古希腊哲学家从庄严的"智慧殿堂"拱顶下并肩走来，柏拉图与亚里士多德手持书本，并做出清晰的手势暗示各自哲学理论的精髓：前者指向天空，后者指向地面。柏拉图（他的形象被认为与达·芬奇相似，但这一传统看法近年来引起了争论）的食指指向代表着"理想国"的天空；亚里士多德向前伸出右手，掌心向下，强调自己根植于自然与物理现实的信念。

《雅典学派》（作品目录 32）

　　梵蒂冈宫第三间客房的名称取自其中描绘博尔戈火灾的半月形饰面。在明亮平和的签字厅与激情奔放的伊利奥多罗厅之后，拉斐尔再一次变换了风格。《博尔戈火灾》的画面充满了智识的节制，仿佛是高贵修辞的练习。在我们可见的多幅栩栩如生的重要画稿中，拉斐尔似乎更加重视人物个体的精细程度，而非构图的整体效果。一些人物的动作尽管看起来不合时宜，例如那位梳着复杂发辫、头顶水罐、衣袖被风吹起的女子，却同时展现了体态的健美和内在的优雅。

《博尔戈火灾》（作品目录 44）

此画是接受教皇儒略二世的秘书、圣彼得大教堂修缮长官西吉斯蒙多·德·孔蒂（Sigismondo de' Conti）委托完成的。这位高级教士在佛利诺（Foligno）的府邸曾被闪电（也有可能是陨石）击中，但奇迹般地完好无损。画面以明亮的风景为背景，主保圣人们（protector saints）围绕着正在祈祷的赞助人孔蒂，以目光和身体姿势将观众的注意力引向一群二级天使（cherubs）围成的光环中的圣母子幻象。

《佛利诺圣母》（作品目录 38）

《西斯廷圣母》是教皇儒略二世委托他挚爱的艺术家完成的最后几幅作品之一。1513年2月儒略二世逝世时，这幅可能委托于1512年的作品或许尚未完全完成。1514年此画置于皮亚琴察（Piacenza）的圣西斯笃（St Sixtus）堂。《西斯廷圣母》在拉斐尔笔下诞生，对于儒略二世来说必然曾是莫大的安慰，当时军事征服策略的失败令年近古稀的教皇沮丧，他对未能将皮亚琴察纳入教皇国领地尤为失望。图中以两位圣徒像来纪念皮亚琴察本笃会修道院的成立，以及修道院地下室中存放的圣迹。圣西斯笃（3世纪殉道者教皇西斯笃二世）被认为是按照教皇儒略二世本人绘制的，因此儒略二世在此画中既是赞助人也是画作灵感的来源。除了向前辈教皇的致敬，儒略二世也希望以此画纪念他的叔父和前任教皇西斯笃四世。圣西斯笃金色长袍上的橡树叶刺绣与画面前景教皇三重冕[15]上的橡子显然指向德拉·罗韦雷家族。圣西斯笃仰望着圣母并以祈求的姿势表现自己的忠诚信仰。

《西斯廷圣母》（作品目录40）

西斯廷教堂大型挂毯的创作工作开始于 1514 年,画稿由拉斐尔绘制。第一张挂毯由巴伦德·范·奥利(Barend van Orley)监制,在布鲁塞尔的工作坊编织,并于 1519 年底在教堂中完成安装。教皇利奥十世迫切希望自己也能在梵蒂冈宫的装饰工程中名垂青史。这十幅挂毯专门为梵蒂冈宫圣地的侧墙设计,和 1481 年波提切利与佩鲁吉诺手下一批托斯卡纳画家完成的湿壁画相互衬托。现存的七张大样保存于伦敦维多利亚与阿尔伯特博物馆,这批大样不仅用来编织挂毯(现藏于梵蒂冈画廊),也用来制作后续的版本。拉斐尔不仅考虑到了 15 世纪的湿壁画,也以米开朗琪罗不久前完成的天顶画为参照,来勾画这一壮观的系列作品。《捕鱼的神迹》或许是系列挂毯中最为著名的一张,宽阔的湖面、前景中的水鸟以及健硕的人物都令人印象深刻。中心人物圣彼得在基督面前张开双臂,准备好成为"得人渔夫"。

《捕鱼的神迹》(作品目录 48)

梵蒂冈宫中的系列挂毯展示了《使徒行传》各章节的内容。四张圣彼得事迹挂毯位于《基督的故事》（*Story of Christ*）湿壁画下方，暗示着耶稣与第一任教皇圣彼得的传承关系。此处的情节为基督指着羊群对跪地的圣彼得说："喂我的羊。"拉斐尔深知此作品会悬挂在佩鲁吉诺庄严的湿壁画《基督将钥匙交给彼得》（*The Delivery of the Keys*）的正下方。为了呼应老师画面中宏大的建筑场景，拉斐尔绘制了开阔的田园风光。人物姿态简单而优雅，人物安排不再严格按照对称结构分布，画面具有流动性且生动自然。

第 118 页

1512 年画完《伽拉忒亚的胜利》后，拉斐尔于 1518 年返回法内仙纳庄园，与他的合作者们一道，开始绘制以阿普列尤斯（Apuleius）的小说《金驴记》（*The Golden Ass*）为原型的赛姬长廊湿壁画。这幅复苏古典主义的作品娱乐性极强，其中包含许多惊喜与世俗矫饰主义的预兆。委托人银行家阿戈斯蒂诺·基吉在法内仙纳庄园一侧为拉斐尔著名的情人芙娜蕾娜提供了住所，让拉斐尔可以在不间断工作的情况下与情人约会。拉斐尔只绘制了精美的画稿，湿壁画由朱利奥·罗马诺、焦万·弗朗切斯科·彭尼、拉法埃利诺·德尔·科莱（Raffaellino del Colle）、佩林·德尔·瓦加完成，乔瓦尼·达·乌迪内（Giovanni da Udine）则负责琳琅满目的水果花卉饰带。画面中的赛姬正在将她从冥界皇后普洛塞庇娜（Proserpina）处得来的灵药瓶递给维纳斯，维纳斯显得很吃惊。此画可能由朱利奥·罗马诺完成，原型为现藏于卢浮宫版画与素描部的拉斐尔画稿。

《基督责难彼得》，又名《喂我的羊》（作品目录 49）
第 118 页，《丘比特与赛姬长廊》（作品目录 53）

第 119 页

临近壁画的内容与赛姬长廊中赛姬与维纳斯的故事密切相连,描绘了丘比特替赛姬向朱庇特求情的场景。此幅壁画同样是由朱利奥·罗马诺按照拉斐尔的画稿与大样完成的。丘比特张开的翅膀呼应着三角形的画面,而朱庇特似乎直接坐在了布满花卉和果实的枝叶间。万神之王跷腿而坐,八十年后卡拉瓦乔在圣王路易堂(Church of San Luigi dei Francesi)的肯塔瑞里小堂(Contarelli Chapel)祭坛画中使用了几乎一模一样的人物坐姿。

拉斐尔的遗作《基督变容》实际上展示了《新约》中的两个不同章节:上方与画题一致,展示耶稣升空的神秘异象;而下方则是使徒们徒劳地试图挽救家人簇拥中的那个被魔鬼附身的男孩。拉斐尔使用了多种技巧在两个不相关的场景之间建立联系。例如画面由下至上从阴暗向明亮的逐渐过渡,以及一些使徒指向基督的方向,引导观众目光移向上方。这些技法令拉斐尔的杰作充满了感情,利用人物以及作品上下明暗的对比,在所谓"灵魂的动势"之间建立对话,并在达·芬奇与卡拉瓦乔之间起到了承上启下的作用。

第 119 页,《丘比特与赛姬长廊》(作品目录 53)
《基督变容》(作品目录 57)

普世和谐

若要欣赏拉斐尔的作品，是否存在一个合宜的时期、生命中最佳的时刻或是理想的境遇？他笔下微笑的圣母或《西斯廷圣母》中的小天使，都是我们儿时最早接触到的艺术品图像之一。而少年时我们则失望地发现，拉斐尔在我们的年纪早已是著名的画家。对我们来说那位天才少年太过完美，完美得几乎无味。我们追寻的是更鲜明的风格、更激进的艺术家，甚至拉斐尔的人生经历也不如其他大师一样跌宕起伏。多少游客曾痛并快乐着在罗马游览梵蒂冈博物馆，穿过数公里充满传奇的长廊，终于抵达西斯廷教堂和拉斐尔的房间时，却发现其中人头攒动令人窒息？而或许只有少数游客继续前进至台伯河畔的一座迷人花园，进入法内仙纳庄园中独享《伽拉忒亚的胜利》的精彩。

光阴荏苒，我们急切地探索着历代艺术珍品，倾心于卡拉瓦乔、伦勃朗、戈雅、毕加索。而终有一日我们会再次渴望拉斐尔绘画中的怀旧与温柔，但这与任何一件单独的作品无关。这与莫扎特的音乐带给人的感受十分类似。有时我们经常哼唱《弦乐小夜曲》（*Eine kleine Nachtmusik*），有时我们被《朱庇特交响曲》[16]的终章迷得神魂颠倒，又有时我们因《唐璜》（*Don Giovanni*）的结尾胆战心惊，或是在《A大调单簧管五重奏》（*Clarinet Quintet*）中寻得慰藉。拉斐尔的作品也正因如此而具有了普世性。对这一形容词颇感兴趣的达·芬奇曾说："获得普世性轻而易举"，但达·芬奇所指的是画家应具备全面捕捉生活的能力，而拉斐尔的普世性则在于他的卓越作品可以与各个时代、各个地区的不同人群产生独特而历久弥新的共鸣。

一个生动的例子来自西格蒙德·弗洛伊德（Sigmund Freud）。1883年12月，27岁的弗洛伊德从德累斯顿致信未婚妻玛尔塔·贝尔奈斯（Martha Bernays），提及他参观国家博物馆绘画陈列馆一事。尽管是象征主义艺术的忠实拥趸，弗洛伊德却带着偏见走进了茨温格宫（Zwinger）博物馆，"以前我一直以为，只有那些无所事事的人才会对著名画家的作品大呼小叫"。但是当这位精神分析学未来的创始人站在拉斐尔的《西斯廷圣母》面前时，他由衷地认为："这幅画散发出的迷人魅力令人无处遁形。"对于圣母，他写道："（她）以如此清新而单纯的目光望着世界，我不由自主地觉得她看起来像是一位迷人而体贴的保姆，并非神明而是凡人。"仿佛是迎来了一次成功而舒缓的心理治疗尾声，年轻的弗洛伊德总结道："我相信我在此的获益是长久的，我逐渐超越了粗浅的认识而开始了真正的鉴赏。"

《安西帝祭坛画》的上半部分以背景中简单无瑕的白色圆拱对比锦缎围绕且精雕细琢的宝座。拉斐尔试图结合两种不同的装饰风格，简洁几何形状的建筑体现的是乌尔比诺的传统，而富丽堂皇的宝座则与翁布里亚典雅的装饰品味一致，特别像是画家平图里乔（Pinturicchio）的作品。拉斐尔在锡耶纳皮克洛米尼图书馆（Libreria Piccolomini）工作期间与平图里乔相识，后者当时负责根据年轻的拉斐尔的构思与画稿完成图书馆内的装饰工程。

《安西帝祭坛画》（作品目录 18）

这幅典雅的袖珍木板油画尺幅、风格均和《圣乔治与龙》类似。两幅精致的作品均为拉斐尔为乌尔比诺宫廷所绘,拉斐尔成年后也和乌尔比诺宫廷保持着长期密切的联系。大天使[17]圣米迦勒以健美而优雅的身姿征服了脚下扭曲的恶龙:一场美与和谐较之于混乱丑陋的伟大胜利。而拉斐尔在背景中绘制的火焰与古怪的地狱异兽也和战斗天使的英勇站姿形成了对比。

《圣米迦勒与龙》(作品目录6)

这张小巧的木板油画原画稿尚存,与现藏于尚蒂伊孔代博物馆的《美惠三女神》(作品目录 13)是一套双联画。对两种生活方式的经典对比,出自西塞罗(Cicero)的《西皮欧之梦》(*The Dream of Scipio*)。沉睡的年轻骑士可以选择由左侧持剑和书的女子代表的高尚的美德生活,尽管她背后是崎岖的山路,也可以选择另一侧轻松愉快的享乐生活。但刚满二十岁的拉斐尔在画面中也预留了第三种选择。恬静的氛围与三位人物脸上的微笑预示着美德与享乐可以兼顾,责任与个人喜好能够在生活中保持平衡。

《骑士之梦》(作品目录 12)

拉斐尔的圣母像多姿绰约、微笑盈盈、温柔纤美，体现了拉斐尔组织不同姿态、群体、风景、光线及场景的超凡能力。《坦比圣母》（以佛罗伦萨旧藏家命名，后为巴伐利亚国王所藏）完成于拉斐尔离开佛罗伦萨前夕，是他所有构图中最为简约却也最精妙的一幅。善于借鉴的年轻画家从多纳泰罗（Donatello）的浮雕中获得了灵感，让圣母子亲密无间。朦胧的轮廓使两位人物更加细腻入微。

《坦比圣母》（作品目录29）

签字厅是欣赏拉斐尔作品和谐性的最佳地点，室内的每一处装饰都以紧密的叙事、象征和视觉逻辑与整体达到和谐。其中最突出的是古典文化与基督教的统一，但它并非通过复杂的知识性阐释完成，而是单纯凭借对光线与形体的平衡使各个场景相连：如此超凡的能力在绘画史上几乎无人能及。签字厅的天花板以绘画仿制的金色马赛克为背景，描绘了代表四种知识类型——神学、哲学、诗歌和正义——的神话人物。每个区域中的叙事也在暗示着对真、美和正义的赞美。天文学缪斯乌拉妮亚（Urania）代表着哲学，她俯视着的天象仪显示的是1503年10月31日至11月1日的星象，儒略二世正是在那一天当选为教皇。天象仪中也有十二星座的符号，正是这幅湿壁画让天文学这一古老的观星术，在文艺复兴时期最伟大的教皇图书馆中占据了一席之地。

第 134—135 页

在签字厅中拉斐尔巧妙地利用了专门描绘"诗歌"那面墙上的窗口，将窗口的空间转化成帕纳苏斯山（Mount Parnassus），山顶上是苍翠欲滴的月桂树，九位缪斯环绕的太阳神阿波罗演奏着六弦提琴。阿波罗沉浸在灵感中，而缪斯们则微笑环抱嬉戏。拉斐尔充满活力的构图中全无单调寻常的人物顺序。人群中舒缓的动感来自整面墙上描绘的古今诗人身上随风飘荡的衣摆。

《原动力》（*Prime Mover*，签字厅天顶）（作品目录31）
第134—135页，《帕纳苏斯山》（作品目录33）

134

　　拉斐尔一系列大幅圣母像的开端，是一张绘制于佛罗伦萨风景中的圣母像。1547年，保存有这幅作品的位于佛罗伦萨的房屋坍塌，此画被毁成十七张碎片。幸有宝石加工博物馆（Opificio delle Pietre Dure）进行了细致而复杂的修复，2008年此画终于又完好如初。尽管明显带有达·芬奇与米开朗琪罗的痕迹，拉斐尔也刻意在构图板块、对自然与人物的审美基础上，发展出个人独立的风格。在这幅绘画中，圣母的面庞便是他个人风格的体现。另外，画面中的圣母头顶绘有光环，但后续的版本中却舍弃了这一符号。

《圣母子与小施洗者圣约翰》，又名《金丝雀圣母》（作品目录23）

《圣则济利亚的狂喜》中的抹大拉的马利亚身着华贵而新颖的灰粉相间的衣裙，是簇拥着中心人物圣则济利亚的四位圣徒之一。拉斐尔为博洛尼亚圣乔瓦尼教堂绘制了此画。抹大拉的马利亚的模特是拉斐尔的挚爱玛格丽塔·卢蒂，即著名的"芙娜蕾娜"。她大而深邃的温柔双眼很容易辨认。拉斐尔为狂喜的圣则济利亚两侧的每个人物都安排了不同的任务，一个正面的角色：圣保罗、布道者约翰、圣奥古斯丁与抹大拉的马利亚或有所动作，或相互交谈，或做沉思状。而抹大拉的马利亚正转过头来，以摄人心魄的目光望向我们，邀请我们"进入"画面中的情景，参与到仙乐飘飘的狂欢之中。

《圣则济利亚的狂喜》（作品目录 45）

天　使

他们载歌载舞，拉弓射箭，在全知全能的上帝宝座周围的云间穿梭，为人间的差事忙碌。他们可以化身团团云雾或运动健儿，可以身披铿亮的战甲或宽阔的长袍，也可以一丝不挂地尽情飞翔。有些肩负着重任，有些无聊地倚在栏杆上。

天使（有时假借带翼的丘比特的形象）是拉斐尔最爱的主题，几乎是他自己能力的隐喻：可以轻松自如地上天入地，在物理现实与信仰幻想的世界间任意穿梭。尽管拉斐尔让人产生对智者与诗人的想象，"天使"这一花名却被他的对手米开朗琪罗·博纳罗蒂摘得。16世纪初的伟大诗人卢多维科·阿廖斯托（Ludovico Ariosto）在《疯狂的奥兰多》（Orlando furioso）第三章写下了有关这位雕塑家名字的谐音桥段："米迦勒，并非凡人而是天使与神。"

拉斐尔在世时以善于表现美丽的年轻女子著称，但他描绘的天使也同样精彩。艺术评论家洛多维科·多尔切称拉斐尔的天使们"温柔软糯"。拉斐尔绘制的圣奥斯定圣殿壁画另一版本画稿，尚存先知以赛亚身旁的小天使残片，该残片现为罗马圣路加学院（Academy of St Luke）的至宝。圣路加学院之一此艺术家团体由费德里科·祖卡里（Federico Zuccari）创办于16世纪晚期。

天使和丘比特是构成拉斐尔艺术生涯的重要篇章。也许拉斐尔年仅十八岁时完成的第一幅大型作品《托伦蒂诺的圣尼古拉斯》祭坛画残片中，有两幅美丽的天使像（一幅现藏于那不勒斯，另一幅现藏于布雷西亚）并非偶然。此后不久，在跟随佩鲁吉诺工作时，拉斐尔在自己的作品中也加入了老师所青睐的长袍服饰与飘带。比较《蒙德受难》（作品目录4）和未能完成的《巴达齐诺圣母》（作品目录22）画面上方均有出现的两位天使，可以清晰地看出拉斐尔在佛罗伦萨四年间的进步，装饰性的效果让位于构图中的每位人物实质性的身体表现力和叙事角色。不久后在罗马，通过对古典时期艺术中厄洛斯[18]与丘比特形象的观察，拉斐尔在年龄、外貌与行为方面进一步丰富了这些长着翅膀的天堂信使的形象。

拉斐尔二十岁时，已经站在了翁布里亚风格，特别是佩鲁吉诺样式的对立面。受贵族马达莱纳·德利·欧迪（Maddalena degli Oddi）委托，拉斐尔为佩鲁贾城的圣方济各阿尔普拉托教堂绘制了庄严的祭坛画《圣母加冕》。画面中宏伟的建筑以及人体与植物的细节在某种程度上减弱了构图一分为二的机械性：下半部分，使徒们围绕着圣母长满百合与玫瑰花的空墓；上半部分，在欢欣的天使围绕着的云端，基督正为圣母戴上冠冕。基督背后奏乐的天使仰望着上空，似乎在暗示观众也该向上看，以此令画面中的两个场景合二为一。

《圣母加冕》（欧迪祭坛画）（作品目录3）

《巴达齐诺圣母》是拉斐尔在佛罗伦萨绘制的第一幅大型祭坛画，也是除《西斯廷圣母》（作品目录40）与《巴尔达萨雷·卡斯蒂廖内肖像》（作品目录47）之外，拉斐尔仅有的一幅布面而非木板油画。此画由代家族（Dei family）委托拉斐尔为圣灵教堂（Basilica of Santo Spirito）创作，但1508年拉斐尔出发前往罗马时尚未完成。画面呈现了标准的神圣对话[19]布局，保留了15世纪风格祭坛画的规范设计：雄伟的建筑中，圣徒分布在圣母宝座的两侧。但是在画面上半部分随风飘动的华盖周围，拉斐尔引入了新的元素。充满活力的两位飞翔的天使与佩鲁吉诺娴静却僵直的天使相去甚远。拉斐尔借助这些飞翔的天使展开了祭坛画的新篇章。

《巴达齐诺圣母》（作品目录22）

这幅描绘基督被抬向坟墓（《基督下葬》，又称《博尔盖塞基督下十字架》，作品目录 27）的祭坛画有着多舛的命运。在该作品完成一百年后的 17 世纪早期，中心的木板画被教皇征集至罗马博尔盖塞收藏并保留至今，四周的部分则被拆分，流落四方。有些留在了佩鲁贾，台座部分被运至罗马，现藏于梵蒂冈画廊。台座部分的三幅单色画以信、望、爱三超德（Theological Virtues）为内容，每幅画两侧均绘有沉思的小天使。在祭坛画整体戏剧性的调子中，这些精致的天使显得越发沉静而忧郁。

《希望》（出自巴里奥尼祭坛画台座部分）（作品目录 28）

签字厅的湿壁画装饰工程是从天花板开始的，这一阶段的壁画完成后，拉斐尔已经从佩鲁吉诺、洛伦佐·洛托、布拉曼蒂诺等其他大师手中获得了项目的决断权。天顶正中的八边形中央是一幅教皇牧徽浮雕，由拉斐尔指派乔瓦尼·安东尼奥·巴奇即画家索多玛完成。这位来自皮埃蒙特（Piedmont）地区的艺术家曾在锡耶纳长居，后定居于罗马，拉斐尔也曾与他在法内仙纳庄园共事。以透视缩短法绘制的小天使们姿态各异、极尽能事，这种做法显然借鉴自15世纪六七十年代曼泰尼亚（Mantegna）在曼托瓦（Mantua）冈萨加（Gonzaga）府邸绘制的《婚礼堂》（*Camera degli Sposi*）。

《有天使的八角形壁画》（*Octagon with Putti*，签字厅天顶）（作品目录31）

《圣礼之争》是拉斐尔在签字厅墙壁装饰工作的开端。这是一个复杂的主题。画面下方围绕着安放圣体匣的祭坛，历代神学家正展开激烈的辩论。在他们上方，圣徒们在庄严的三位一体（圣父、圣子、圣灵垂直排列）两侧围坐成半圆形，被天使包围着。拉斐尔在这一雄伟的构图中描绘了不同年龄与相貌的天使。有些年幼的天使玩弄着手中的书本，更年幼的天使则在云间嬉戏打闹。六位成熟而严肃的天使则被绘成健硕的青年，他们飘荡在接近天国的空中，似乎也在参与神学辩论并彼此交换看法。而天父形象周围半拱形的镀金浮雕装饰也十分不同寻常。

《圣礼之争》（作品目录 36）

伊利奥多罗厅有窗的墙壁上绘制了身陷囹圄的圣彼得午夜时分被一位熠熠发光的健硕天使营救的场景。睡着的卫兵身上的铠甲与头盔上反射的月光十分精彩。天使温柔地牵着圣彼得的手，将他引向新的境界，而圣彼得的形象与儒略二世惊人地相似，1513 年 2 月儒略二世逝世时此画尚在绘制之中。除了对艺术的大力支持外，儒略二世还留下了颇具争议的遗产。马丁·路德访问罗马期间，惊异于教廷的浮夸，并对此深感厌恶。一小撮保留异见的红衣主教发起了灾难性的比萨密会（Conciliabulum of Pisa），致力于废除教皇并扶植一位更虔诚且不好战的新教宗。儒略二世逝世后，鹿特丹的伊拉斯谟（Erasmus of Rotterdam）甚至出版了一本书，挖苦逝世的教皇被圣彼得拦在天堂门外。

第 154—155 页

拉斐尔在法内仙纳庄园绘制的第一幅湿壁画上，几位欢快地挥动翅膀的丘比特——羽翼未丰的天使——飞翔在光芒四射的伽拉忒亚上方。他们拉弓射箭的样子在湛蓝的天空中如剪影一般突出。这些丘比特的形象出自古典时期的艺术，但拉斐尔一如既往地赋予了古典时期的原型新的活力，将其转化为现时中的可信存在。和《西斯廷圣母》中倚在栏杆上的两位小天使一样，伽拉忒亚身边的丘比特也从原本的语境中被分离出来，成了 T 恤衫、装饰品等各种商业衍生品的内容。

《解救圣彼得》（作品目录 43）
第 154—155 页，《伽拉忒亚的胜利》（作品目录 37）

《圣则济利亚的狂喜》是拉斐尔对文艺复兴时期祭坛画彻底的创新,在完成后的数世纪中受到众多赞誉与模仿,成了博洛尼亚画派的基础范式。拉斐尔并未依赖人物的动作,而是采用狂热的表情与深切的情感表现圣徒狂喜的程度,邀请观众成为场景的一部分并亲自感受。构图的中心人物是音乐家的主保圣人则济利亚。这位年轻的圣人仰望天空中正在歌唱的天使,这些天使若隐若现,特别是中间的两位正在识谱的圣歌者。

《圣则济利亚的狂喜》(作品目录 45)

《佛利诺圣母》前景中被四位表情狂热的男子围绕着的是一位胖嘟嘟的可爱小天使。他仰面望向天空，手中托着一块精致的空白标牌。人物群像与场景（背景中一颗火球正落向一处房屋）构成了和谐与冲突之间不同寻常的碰撞。身披红袍的赞助人与三位圣徒显然沉浸在强烈的情绪中，而圣母、圣子与小天使则嫣然浅笑。画面最显著位置的小天使或许是一种自传性的表达：艺术家也许回忆起了自己儿时在父亲乔瓦尼·桑蒂工作坊中帮忙的情景。

《佛利诺圣母》（作品目录38）

《西斯廷圣母》画面下方，两位可爱的小天使正无聊地倚在栏杆上，这一细节如此著名，以至于他们常从祭坛画上被单独分离出来，变为各种尺寸、形状、材质的复制品。但他们无疑是这一严密构图整体的一部分，这幅绘画或许是拉斐尔所有作品中最引人入胜的一幅。关于这幅作品的诸多文章中，俄罗斯裔犹太作家瓦西里·格罗斯曼（Vasily Grossman）的描述尤为动人。第二次世界大战期间格罗斯曼在前线担任通讯员时度过了悲惨的三年，但由于政治审查的因素，他的作品直到 1989 年才开始再次进入大众视野。格

罗斯曼的战争日记中最精彩的片段之一讲述了特雷布林卡（Treblinka）集中营的解放，面对人间炼狱般的景象时，《西斯廷圣母》祭坛画却浮现在了作者的心头："踮着赤裸的小脚，她走在特雷布林卡动荡的土地上。她走过卸下难民的'车站'，走向毒气室。我认得她脸上的表情，认得她的眼神……思量《西斯廷圣母》，我们坚信生命与自由密不可分，人性的光辉高于一切。人性必会永生，必将战胜一切。"

《西斯廷圣母》（作品目录 40）

拉斐尔绘制的最后一个天使是如米开朗琪罗之作或希腊化时期雕塑一般强壮有力的成年形象。此画被称为"大米迦勒"（Large St Michael），以区别于同样藏于卢浮宫的另一幅尺寸较小、年代较早的同题材作品。这幅作品是美第奇家族与法国国王弗朗索瓦一世结盟的见证，并暗指圣米迦勒骑士团以及组织对抗土耳其十字军的失败。此画和另一幅圣家庭绘画（同样存于巴黎）均由乌尔比诺公爵、教皇利奥十世的侄子洛伦佐·德·美第奇委托，作为送给法国国王的礼物。画面中大天使将恶魔击倒在地，以利刃相逼。米迦勒伸展的双翼与扬起的衣襟令画面充满了优雅的能量。

《圣米迦勒降服撒旦》（作品目录54）

昙花一现

维也纳艺术史博物馆素描与版画部——可能有世界上最重要的纸上作品馆藏——藏有一幅拉斐尔的素描，上面绘有两名健壮的裸体士兵，是拉斐尔为梵蒂冈宫第三间客房的战争场面绘制的草稿。这幅素描的特别之处在于德国艺术家阿尔布雷希特·丢勒（Albrecht Dürer）在画面边的题跋，他写道，拉斐尔于 1515 年将这幅素描寄到纽伦堡以"展示自己的技艺"，此画证明了这两位文艺复兴大师尽管从未谋面，却通过作品保持着交流与沟通。当时丢勒与拉斐尔都着迷于"美"这一主题。1512 年，丢勒在寻找衡量美的标准时感叹道："美是什么？我不知道！"两年之后，在致友人巴尔达萨雷·卡斯蒂廖内的信中，拉斐尔回复友人对于阿戈斯蒂诺·基吉别墅内伽拉忒亚壁画的赞美时写道："但是我会提升自己进行更高层次的思考……我只是抓住了心中浮现出的一个特定灵感，我不知道它是否具有美学意义。"被逗笑了的卡斯蒂廖内问他是在何处找到了如此迷人的模特，拉斐尔回复"若要画一个美人，我必须见许多美人"，同时玩笑般地提到妙龄女子的"短缺"。"灵感"就是这样诞生的。尽管拉斐尔的信语调轻松愉快，其中的理念却有着非凡的意义。拉斐尔工作坊的素描稿完整地记录了他从最早的作品直到梵蒂冈宫挂毯的大样，整个艺术生涯都贯穿着对男女模特进行的写生练习。同时，他也用想象与创意的"灵感"修正并整合自己直接观察到的结果。

在对平衡与叙事力量的持续追寻过程中，拉斐尔不断探索新的构图方式。"美"当然栖居于个体形象一颦一笑的内在优雅之中，但也同样会在不可复制的瞬间因人物与周边环境中光线、空气的关系而得到提升。时间流逝的观念由此而生：美与和谐只是昙花一现，如音符般稍纵即逝。如果丢勒沉思的是创意的"忧郁"，拉斐尔则柔和地表达了美是何等脆弱，而能在电光朝露中捕捉到美的能力又是何等珍贵。

拉斐尔的基础训练完成于乌尔比诺——儿时在他父亲的工作坊，后来又跟随卢卡·西尼奥雷利、蒂莫泰奥·维蒂（Timoteo Viti）等艺术家。迎着 16 世纪的曙光，约十八岁的拉斐尔结识了当时最知名的艺术家彼得罗·佩鲁吉诺。在跟随大师往返于翁布里亚与马尔凯斯两地的几年间，拉斐尔迅速吸收了佩鲁吉诺轻柔、"矫揉造作"的风格，并凭自己独特的敏感性，以熠熠生辉的风景为背景，复制了老师作品中精湛的工艺与细腻的忧郁。梦幻的《圣塞巴斯蒂安》即是这一时期作品的优雅范例，图像学传统中通常为裸体的圣塞巴斯蒂安在此却衣冠整齐。

《圣塞巴斯蒂安》（作品目录 1）

袖珍的木板画《骑士之梦》的灵感源自西塞罗的作品以及对美德与享乐的传统抉择。若从通常的道德视角解读，年轻的女子本应是危险而充满诱惑的，但是在拉斐尔的笔下她却没有这些负面特征。她只是一位妙龄女子，娉婷婀娜地为沉睡的骑士递上一枝鲜花。远处的湛蓝湖泊与年轻女子的衣裙彼此呼应，拉斐尔以此为我们营造出馥郁的自然气息与弥散的沉静之美。

《骑士之梦》（作品目录12）

《圣母的婚礼》中圣母朋友们的头饰、五官与倾斜的面孔和佩鲁吉诺的理想化风格十分类似。无疑，二十岁的拉斐尔为前辈大师的范式注入了新的活力，他画面中的人物错落有致，而非站成一列。这些女子并非盛装出席的好奇旁观者，而是处于互动关系中的活生生的参与者。其中一位女子转头望向我们，引导我们参与到画面场景中。

《圣母的婚礼》（作品目录 8）

这幅精致的木板画展示了年仅二十岁的拉斐尔所能在画面中表现出的迷人的优雅。画作题目中的"康纳斯"即佩鲁贾城的康纳斯家族，1871年俄国女沙皇从该家族手中获得此画。此画显露出翁布里亚传统，其构图借鉴了佩鲁吉诺之前创作的一幅圣母子像，两幅画中的圣子都翻动着圣母手中的一本小书。拉斐尔对风景的构思却极具创意：《康纳斯圣母》被设置在寒冬时分而非通常的春季风景。明亮的光线中伫立着萧疏的树木，远处的雪峰略可一窥。拉斐尔似乎在暗示我们需要静心等待才能尽享明媚春光。

《康纳斯圣母》（作品目录10）

此画原题《美丽的园丁》(*La Belle Jardinière*)既指画面中自然场景带来的宽慰人心之美，也指画中被精心培育的植被。对意大利大师青睐有加的法国国王弗朗索瓦一世曾获得此画，因此原题为法语。圣子的形象部分借鉴了米开朗琪罗在布鲁日（Bruges）创作的大理石群雕中的人物姿态，但是拉斐尔一如既往地在现成的参照对象中加入了灵动的写实感。拉斐尔在佛罗伦萨绘制的多幅圣母像尽管头顶没有光环，却表现出了自然、人性与神性的美感：用超自然的元素对人性和神性加以区分全无必要。

《圣母子与小施洗者圣约翰》，又名《美丽的园丁》（作品目录 24）

1488 年，拉斐尔五岁时，曼托瓦统治者冈萨加的妹妹伊丽莎白·冈萨加（Elisabetta Gonzaga）嫁给了乌尔比诺公爵，即蒙太费尔特罗家族的圭多巴尔多（Guidobaldo）。这对新人当时仍是少男少女，蒙太费尔特罗家族似乎希望通过与意大利北部显赫宫廷的联姻振兴与巩固自身势力。然而圭多巴尔多的不育令伟大的蒙太费尔特罗家族走向衰落。不仅如此，1502 年切萨雷·波吉亚的军事突袭与占领行动迫使圭多巴尔多和伊丽莎白离开乌尔比诺，前往曼托瓦避难。他们仰仗教皇儒略二世的干涉才保住了公爵头衔。而画中伊丽莎白·冈萨加严肃的神情中似乎透露出了这种种磨难。这位优雅而内敛的公爵夫人在背景朦胧的天色中更显忧郁，而她前额佩戴的小蝎子头饰也暗示着悲伤与不祥。

《伊丽莎白·冈萨加肖像》（作品目录 5）

画作题目中的"大公爵"指托斯卡纳的斐迪南三世（Ferdinand Ⅲ），1799 年大公爵获得此画后将其奉为至宝，即使出门旅行也要随身携带。画面中的两位人物从纯黑色的背景中浮现，简单的构图却有着强大的吸引力，令观者对大公爵的痴迷感同身受。拉斐尔对光线的把控在此画中得到完美的展示，与同一时期南方风景中明亮的圣母像相比，这种手法更为私密与克制。

《大公爵圣母》（作品目录 9）

《博尔塞纳的弥撒》是梵蒂冈宫伊利奥多罗厅的第二幅壁画，画面中有一些瑞士护卫身着鲜艳醒目的条纹制服。据说这一至今仍在使用的华丽服装正是拉斐尔本人的设计。拉斐尔对被一扇大窗打断的非对称半月形饰面的处理大胆而高超。左侧较为狭窄的画面中挤满了敬神者，而奢华的护卫们安然立于右侧较为宽敞的画面中。弥撒尚在进行，年轻的士兵们跪在地上四处留意查看，履行着自己作为教皇私人护卫的职责。

《博尔塞纳的弥撒》（作品目录 42）

美景宫圣母若隐若现的微笑中流露着忧郁。她俯看着两位嬉戏的孩童，小耶稣抓着施洗者约翰手中细小的十字架。《美景宫圣母》现藏于维也纳，是拉斐尔艺术生涯初期最纯真、最明净，同时也是完成度最高的作品。圣母的上半身与面孔直接以天空为背景，是《金丝雀圣母》中灵感的进一步提升。圣母的灿烂之美已无须光环加持，也无须飞翔的小天使或祈祷的圣徒衬托。在她衣领的金饰带中隐藏着作品年份 MDVI（罗马数字 1506）。

《美景宫圣母》，又名《草地上的圣母》（作品目录 21）

　　1512年末至1513年初的冬季，梵蒂冈宫客房的墙壁太阴冷潮湿以致无法作画，《西斯廷圣母》可能就在这一时期完成。画面中跪着的人物是圣巴巴拉，她穿着五彩的异域风格衣裙，与伊利奥多罗厅第二幅壁画《博尔塞纳的弥撒》中瑞士护卫的华丽制服类似。圣巴巴拉下垂的目光望向画面底端两个倚在栏杆上的著名小天使。

《西斯廷圣母》（作品目录40）

　　1513年3月,"豪华者"洛伦佐之子、来自佛罗伦萨的利奥十世·德·美第奇被选为"勇士教皇"(Worrior Pope)儒略二世的继任者,性格温和的利奥十世也是一位资深艺术鉴赏家。现藏于乌菲齐美术馆的这幅意义非凡的肖像上,教皇两侧分别是红衣主教朱利奥·德·美第奇(未来的教皇克莱孟七世)和红衣主教路易吉·德·罗西,二人均是利奥十世的亲戚。在教皇与红衣主教鲜艳的红色与紫色法衣的映衬下,人物的眼神与情感都十分生动。拉斐尔在这幅大型肖像的诸多细节中都强调了利奥十世对于艺术的热爱和他不佳的视力:熟练地翻动着无价的泥金绘本《圣经》的教皇手握一面放大镜。拉斐尔与利奥十世·德·美第奇在意识形态方面保持着完美的和谐。1514年布拉曼特逝世后,拉斐尔被任命为圣彼得大教堂的建筑师,并成为一名考古专家。与达·芬奇和米开朗琪罗一样,拉斐尔由此成了"普世艺术家"。

　　第188—189页

　　对于拉斐尔来说,守护美——包括古罗马的神圣之美——成了他知识与道德的责任。作为一名成熟的艺术家,他逐渐意识到了时间、忽视与不作为所带来的威胁。圣则济利亚祭坛画前景中散落的乐器即是这种担忧非凡而强烈的符号。细看之下可以发现这些乐器均无法演奏:鼓面已经破损,长笛断成两截,六弦提琴的弦都已崩坏等等,就连圣徒手中的管风琴也是坏的。一方面拉斐尔是在暗示沉浸在幻象中的则济利亚听到的是来自云端天使演唱的天国之音,但关于易逝之美的意义则更为直接:美的本质是不稳定的,且随时都可能会消逝。

《教皇利奥十世、红衣主教朱利奥·德·美第奇、红衣主教路易吉·德·罗西肖像》(作品目录56)
第188—189页,《圣则济利亚的狂喜》(作品目录45)

身心的力量

随着新柏拉图主义哲学的兴起，文艺复兴兴盛期的意大利艺术家们开始强调思想的首要地位。他们试图将基于素描的绘画、雕塑与建筑从"机械"活动提升到"自由"艺术的层面。在维护绘画与诗歌的同等地位方面，拉斐尔与达·芬奇（"画家是人意识中万物的主宰"）、米开朗琪罗（"最伟大的人也无法想象／大理石料的限制／并不在于它自身，而是设计／手随心动才能获得成功"）意见一致。艺术家不再单纯因技术与手工能力受到钦佩，而是因心智水平获得尊敬，他们社会与知识身份的全面转化已基本完成。西班牙人文学者、《绘画论》（*Los Comentarios de la pintura*）的作者费利佩·德·格瓦拉（Felipe de Guevara）曾提到，拉斐尔作画时也会指点学生诗歌与历史方面的知识。

对现实的观察以及与被画者进行心理沟通的能力，令拉斐尔成为一名优秀的肖像画家。令我们着迷的男女肖像（也包括宗教与叙事场景中的人像）基本均是那些体现了和谐的思想与动作，以智识协调身体能量的作品。著名的先例是那些佛罗伦萨风格的雕塑杰作，如多纳泰罗的《圣乔治》（*St George*）、米开朗琪罗的《大卫》（*David*）。

将绘画的地位提升至名副其实的知识活动的过程无法忽略其具体而可控的实现手段，而拉斐尔完全没有否定技术的重要性。自幼生活在艺术生产环境中的拉斐尔有着超群的技艺。尽管逐渐增加了合作者在完成作品过程中的参与度，自己主要负责设计概念与基本构图，拉斐尔依然表现出了对于材料与颜料的高超控制力。

油画技法造诣颇深的拉斐尔偏爱木板油画。他只有三幅布面油画作品（其余布面油画为木板揭转布面）：《巴达齐诺圣母》（作品目录 22）、《西斯廷圣母》（作品目录 40）和《巴尔达萨雷·卡斯蒂廖内肖像》（作品目录 47）。拉斐尔筹备与设计湿壁画的方法堪称经典，他还开创了许多新技法，如用凸起的石灰点强调光线的亮度以及金属的反光。这一原创技法被用在了梵蒂冈宫第二间客房《解救圣彼得》激动人心的夜景中。与匠人雕刻家马尔坎托尼奥·雷蒙迪（Marcantonio Raimondi；此人艺术技巧精湛，造伪的事业却不甚入流）合作期间，拉斐尔探索了许多新方法以传播他的"发明"。"拉斐尔制"构图以版画的形式流通并为工艺美术所用，尤其多用于马尔凯斯地区生产的瓷器中。在井井有条、灵活可靠的工作坊中，拉斐尔想出了一套以罗马帝国艺术为蓝本的整体装饰风格，他将灰泥粉饰改为有饰带的湿壁画，并将传统静物与全新改造的装饰性"珍奇"（grotesques）结合起来。

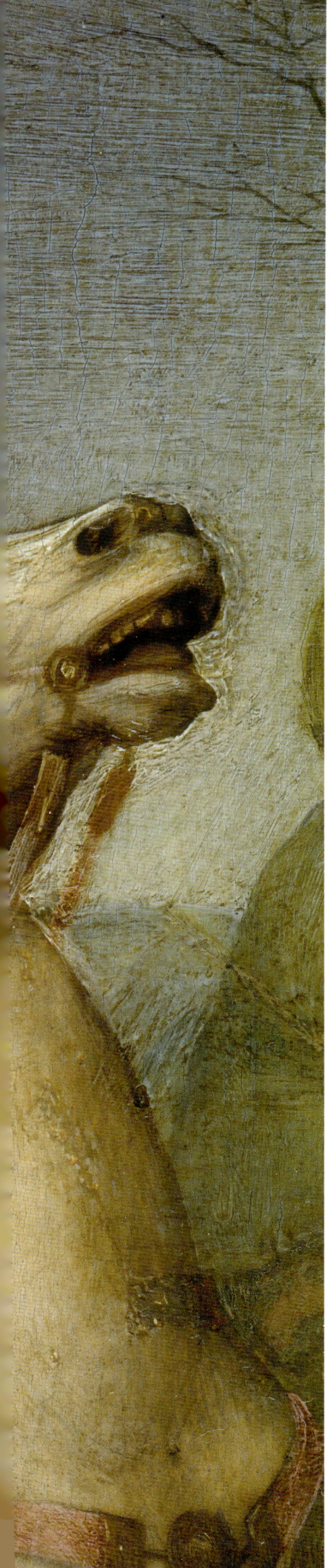

　　从时间、风格、尺寸与主题（正义战胜邪恶，美战胜丑陋）来看，此幅作品与同在卢浮宫的圣米迦勒木板画应为一对，或许本为双联画。这幅绘画是拉斐尔早期作品中的珍品，尽管起源有争议。圣徒用长矛击垮了恶龙，此时正使用短弯刀攻击。而受伤的怪兽依然气势汹汹，白马因恐惧而直立嘶鸣，与身穿铠甲英勇奋战的圣徒形成了鲜明对比。

《圣乔治与龙》（作品目录 7）

并非所有专家都同意这幅充满活力的肖像主要出自年轻的拉斐尔之手。一些学者认为它的作者是与达·芬奇同时在韦罗基奥（Verrocchio）工作坊学习的洛伦佐·迪·克雷迪（Lorenzo di Credi）。但是画中人的身份并无争议，与观众对视的坚定目光以及职业服饰均表明他是一位艺术家。参照佩鲁吉诺在兑汇协会宫湿壁画中的自画像（与此幅肖像几乎同时完成），人物身份基本可以确认。拉斐尔无疑会希望向他跟随了数年的老师致敬。

《男子肖像》（作品目录 11）

年轻、英俊，有教养，熟知宫廷礼节，这些优势令拉斐尔的声望在佛罗伦萨的几年（1504—1508 年）间扶摇直上。他得以出入名门望族之家，为他们绘制小型内室画和令人难忘的肖像，拉斐尔的作品既有佩鲁吉诺的精湛写实，也具备达·芬奇强烈的表现力。阿尼奥罗·多尼与妻子玛达莱娜·斯特罗齐的肖像即是例证。这对夫妇同期也委托米开朗琪罗完成了《多尼圆形画》。两幅肖像背景相称，显然原本即是成对设计。参与公共事务的佛罗伦萨贵族多尼姿态端正，似乎在邀请观众与他同坐。据瓦萨里记载，这位热情而专业的藏家对两幅作品的价格曾十分担忧，在与拉斐尔进行了漫长的讨价还价后才终于确认了委托。

《阿尼奥罗·多尼像》（作品目录 20）

这幅精彩而略令人不安的肖像因意大利法西斯主义独裁时期的一项政治决定得以在乌尔比诺保存。1927年，由于乌尔比诺作为拉斐尔的家乡却没有一幅他的作品，佛罗伦萨皮蒂宫帕拉提美术馆（藏有十余张拉斐尔作品）馆长受命"割让"一幅木板油画给乌尔比诺国家美术馆。因此，公爵宫得到了这幅双唇紧闭、目光坚定的神秘女子的肖像，因她的举止，此画也被称为《哑女》。但是学者并未排除画中女子是费德里科·达·蒙太费尔特罗（Federico da Montefeltro）之女乔瓦娜·费尔特里亚的可能性，所以此画很可能其实是回归了乌尔比诺。乔瓦娜·费尔特里亚嫁给了乔瓦尼·德拉·罗韦雷（Giovanni Della Rovere），1501年，30岁的乔瓦娜不幸守寡，1504年她致信佛罗伦萨行政长官皮耶尔·索代里尼，向其推荐拉斐尔。强烈的明暗对比、略微斜视的目光以及僵直的坐姿，尤其是伸出的左手食指，都强调了这位年轻女贵族复杂的忧郁气质。

《年轻女子肖像》（又名《哑女》）（作品目录26）

拉斐尔 24 岁时绘制了《基督下葬》，当巴里奥尼家族的成员因内斗血染佩鲁贾城时，拉斐尔开启了艺术生涯又一个以实验为主的新阶段。以肖像画和圣母子像为主的工作持续了多年之后，拉斐尔在此采用主题与风格都更高级、戏剧化且庄严的手法。为此，他开始探索新的范式。画面中基督的遗体似乎参照了现藏于梵蒂冈宫的米开朗琪罗的作品《哀悼基督》，而抬着基督遗体的壮硕人物则与古典时期的雕塑类似。

《基督下葬》，又名《博尔盖塞基督下十字架》（出自巴里奥尼祭坛画）（作品目录 27）

瓦萨里使用了"争"（disputation）来阐述神学家与圣人对构图中心祭坛上展示的圣礼所产生的不同意见。画面下方的人物为战斗教会[20]成员，他们交谈的激烈程度远超坐在半圆形的云端上更显冷静的凯旋教会（Church Triumphant）圣徒们。拉斐尔不满足于只展示一群单调的人物，而是让每个人物都具有自己的个性，并通过姿态与面部表情传递着"心智之动"。在众多理想化的历史人物间，拉斐尔也嵌入了他同时代的元素。在围观的人群之中，布拉曼特倚在画面左侧的栏杆上，而背景中正在施工的建筑与圣彼得大教堂神似。教会圣师中的圣格雷戈里的外貌也与教皇儒略二世本人别无二致。

《圣礼之争》（作品目录 36）

在签字厅的第二幅壁画《雅典学派》中，拉斐尔在唤醒古希腊文化的同时加入了许多与自己同辈的人物。在指挥殿堂的台阶上蜷蹙着写作的赫拉克利特（Heraclitus）形单影只，而他的形象显然源于米开朗琪罗，米开朗琪罗当时正在与梵蒂冈宫一墙之隔的地方苦心孤诣地创作西斯廷天顶画。现藏于米兰安布罗焦图书馆的一幅大样草图证明这一人物是拉斐尔后来添加的，在这幅高度精确的草图（修复工作开始时，正值拉斐尔逝世五百周年）中，赫拉克利特/米开朗琪罗这一形象并不存在。

《雅典学派》（作品目录 32）

1511 年，教皇儒略二世在一次军事行动失败后返回罗马。他不仅在战场惨败且被法国国王路易十二追击，还面临来自比萨密会的红衣主教们对他权威的威胁。他的长胡子是挫败的标志（他曾蓄须发誓，要将法国人逐出意大利）。似乎一夜间苍老的教皇于两年后逝世。但这位来自利古里亚（Liguria）地区的骄傲教皇依然坚信教会终将胜利，而他仍会以顽强的意志击败敌人。梵蒂冈宫第二间客房的湿壁画以层层递进的精彩情节歌颂了教皇与教廷的政治角色，以及他们对侵略者的抗击。与在签字厅中一样，儒略二世穿越到了历史场景中。拉斐尔深知时局已变，签字厅中的普世和谐已经一去不复返了。

《伊利奥多罗的放逐》（作品目录 41）

与三年前在签字厅工作时一样，拉斐尔再一次引导了艺术与文化的革新。在伊利奥多罗厅中，拉斐尔设计了一种戏剧性的梦幻风格，光线扮演了新的角色，而观众以更为直接的方式参与画面中的场景。

　　伊利奥多罗厅是教皇进行私人会见的场所，因此具有重要的政治与外交意义。对复杂政治局势的指涉在无窗的半月形饰面上十分清晰：《伊利奥多罗的放逐》以现代的笔法展现了圣经故事中神父们对劫掠耶路撒冷圣殿的伊利奥多罗进行神圣的判决；而在《利奥一世会见阿提拉》（The Meeting of Leo the Great and Attila）中，野蛮的侵略者被教皇制止时罗马的守护神圣彼得与圣保罗在天空中显现。1511年，西斯廷教堂的脚手架被拆除后，拉斐尔得以借鉴米开朗琪罗完成的大型天顶画，伊利奥多罗厅中壁画的风格也因此突变。新的场景更注重戏剧化的效果，光线反射和阴影中的建筑结构凸显出始终如一的节奏。《伊利奥多罗的放逐》中的群像最能体现这一全新的手法——亵渎神明的盗贼（即伊利奥多罗）在一位骑士和其他愤怒的人们的包围中仓皇失措——伊利奥多罗厅也由此得名。

《伊利奥多罗的放逐》（作品目录41）

许多当时的言论，包括塞巴斯蒂亚诺·德尔·皮翁伯的一些言辞尖锐的信札，都指出米开朗琪罗与拉斐尔之间的竞争导致二人对彼此的厌恶与日俱增。暴躁易怒的米开朗琪罗对比自己年少八岁的同行拉斐尔尤为不屑一顾，而拉斐尔在与米开朗琪罗打交道的过程中，对这位自己从在佛罗伦萨时便仰慕的伟大雕塑家与画家则表现出了应有的敬意。两位艺术家因教廷首席书记、来自卢森堡的约翰·戈里茨（Johann Goritz）委托的湿壁画进行了交锋。拉斐尔气势恢宏的以赛亚肖像显然借鉴了米开朗琪罗在西斯廷教堂绘制的先知形象，而米开朗琪罗在设计教皇儒略二世墓葬中的摩西雕像时也参考了拉斐尔所绘的以赛亚的姿态。

《先知以赛亚》（作品目录39）

红衣主教托马索·因吉拉米别名费德拉（Phaedra），是儒略二世教廷中最出色的智囊之一。他是一位著名的诗人与喜剧作家，并担任梵蒂冈图书馆长官，也极有可能是签字厅壁画装饰项目的负责人。在拉斐尔笔下，因吉拉米正坐在书桌前寻求灵感，他的姿态与眼神都强调着他的文学活动，但同时也巧妙地掩饰了他双眼的斜视。

《托马索·因吉拉米肖像》（作品目录35）

1513 年，来自曼托瓦（Mantua）的巴尔达萨雷·卡斯蒂廖内作为乌尔比诺公爵与冈萨加家族的大使与受托人来到罗马，他很快便与拉斐尔建立了深厚的友谊。艺术家拉斐尔与文人卡斯蒂廖内均生长于高雅的人文主义宫廷，因此志同道合。二人曾共同致信利奥十世，呼吁保护古典时期的文物。这幅肖像生动地表现了二人之间的山鸣谷应。画面中的场景不温不火，人物姿态放松，双手交叉并鼓励地望向观众，使我们与作家直接接触，就好像他正坐在我们旁边一样。此画完成后不久，卡斯蒂廖内便将其寄给自己在曼托瓦的妻子。彼得罗·本博在一封信札中写道，这幅肖像如此写实，以至于卡斯蒂廖内的幼子将它认作了自己父亲的真身。鲁本斯与伦勃朗均临摹过这幅作品，伦勃朗还曾试图在阿姆斯特丹的一次拍卖中购买此画。

第 216—217 页

这幅显然创作于非正式的亲密环境中的双人像，是拉斐尔最后也最神秘的作品之一。这两位年龄相仿、着装相似的男子之间的关系尚不明确，前景中男子的姿态也指涉不明。但我们可以确认的是，左侧望向观众的男子是三十五岁左右的拉斐尔本人，尽管与现藏于乌菲齐美术馆梦幻般的青少年时期的自画像大相径庭。

拉斐尔一手搭在前景中男子的肩头，而这位男子在回头的同时向前伸出手臂。有人认为此人是拉斐尔的击剑教师，他正向学生展示如何进行"弓箭步刺"，也有猜测认为他是拉斐尔的学生（波利多罗·达·卡拉瓦乔）、同行艺术家（巴尔达萨雷·佩鲁齐）、著名文人（皮埃特罗·阿雷提诺，Pietro Aretino），或是拉斐尔的朋友，可能是其遗嘱执行人、贵族乔瓦尼·巴蒂斯塔·布兰科尼奥·德·阿奎拉（Giovanni Battista Branconio dell'Aquila）。

《巴尔达萨雷·卡斯蒂廖内肖像》（作品目录 47）
第 216—217 页，《与朋友的自画像》（作品目录 51）

　　作品的力量并非总是由尺幅决定的，这幅小型木板画即是证明。拉斐尔逝世前几年为一位博洛尼亚贵族创作的这幅作品，很快便被佛罗伦萨的美第奇家族纳入囊中。风景中的先知以西结十分渺小，被一束神圣的光芒照耀着。而天空中是灿烂的异象：天父身边有两位天使陪伴，还被象征四位福音布道者的四联像（天使为圣马修，鹰为圣约翰，狮子为圣马可，公牛为圣路加）簇拥着。细看之下还可以发现上帝周围的光芒是由无数小天使的头像组成的。俯视的视角十分新颖，令观众可以鸟瞰地面的风景以及画面右侧大面积的水域。

《以西结的异象》（作品目录 52）

译者注

[1] 永恒之城（Eternal City）：罗马城的别称。

[2] 弗拉·巴尔托洛梅奥（Fra Bartolomeo）：也译作"巴尔托洛梅奥修士"，15世纪晚期至16世纪意大利画家，以宗教画和肖像画见长。16世纪初发展出融合了理想元素的新风格，对意大利文艺复兴艺术走向盛期有重要意义。

[3] 客房：梵蒂冈宫内的一组房间，现通常被称为"拉斐尔房间"，即Stanze di Raffaello。

[4] 签字厅（Stanza della Segnatura）：该房间因被作为教皇的私人藏书室和书房而得名，天顶和四壁均由拉斐尔装饰，主要作品分别是位于四壁半月形饰面的《圣礼之争》（*Disputa del Sacramento*）、《美德与法律》（*Virtù e la Legge*）、《雅典学派》（*Scuola di Atene*）和《帕纳苏斯山》（*The Parnassus*）。

[5] 罗马之劫（Sack of Rome）：指神圣罗马皇帝查理五世属下部队攻陷教皇国统治下的罗马并大肆抢掠。罗马随之失去了经济、文化中心地位，灾难导致严重的人口流失，许多艺术家、思想家背井离乡，四散各处，客观上促进了文化交流。罗马之劫通常被认为标志着意大利文艺复兴的终结。

[6] 伊利奥多罗厅（Stanza di Eliodoro）：拉斐尔为梵蒂冈宫装饰的第二个房间，与签字厅相邻，四壁拥有与签字厅相同布局的四幅主要作品：《伊利奥多罗的放逐》（*Cacciata di Eliodoro dal tempio*）、《博尔塞纳的弥撒》（*Messa di Bolsena*）、《利奥一世会见阿提拉》（*Incontro di Leone Magno con Attila*）和《解救圣彼得》（*Liberazione di san Pietro*）。

[7] 博尔戈火灾厅（Stanza dell'Incendio di Borgo）：由拉斐尔装饰的第三个房间，与伊利奥多罗厅相邻，原本作为梵蒂冈宫的餐厅，后以最重要的作品《博尔戈火灾》（*Incendio di Borgo*）得名。除此之外还有《奥斯蒂亚战役》（*Battaglia di Ostia*）、《利奥三世的誓言》（*Giuramento di Leone III*）以及《查理曼大帝加冕》（*Incoronazione di Carlo Magno*）三幅壁画。

[8] 朱利奥·德·美第奇（Giulio de' Medici）：即教皇克莱孟七世（Clement PP. VII）。

[9] 金宫（Domus Aurea）：公元64年罗马大火之后，罗马帝国皇帝尼禄（Nero）下令在原宫殿旧址上建

造了金宫，至公元 68 年尼禄过世前，这座带有园林的大规模宫殿已基本完工，同一时期的老普林尼（Pliny the Elder）目睹了建造工程，并曾在巨著《自然史》（Natural History）中提及。该宫殿在 2 世纪初便被废弃，直至 15 世纪初被重新发现。拉斐尔和米开朗琪罗都曾在该遗迹被大规模发掘前下到内部研究保留下来的建筑和壁画。

[10] 涅尔瓦广场（Forum of Nerva）：古罗马四大广场中规模最小的一个，始建于公元 85 年之前图密善（Domitian）皇帝在位时期，完工于公元 97 年，因当时在位的皇帝涅尔瓦得名。17 世纪初，因建造教堂等公共建筑需要石材，涅尔瓦广场留存于地面部分的建筑被大量拆除。

[11] 特里同（Triton）：据赫西俄德（Hesiod）《神谱》（Theogony），特里同是大海之神，海神波塞冬（Poseidon）之子。在视觉艺术作品中，特里同常被表现为人首人身鱼尾的样子。

[12] 亚美利戈·韦斯普奇（Amerigo Vespucci）：意大利探险家，15 世纪末至 16 世纪初先后资助并参与了四次探险远航，据说曾在巴西登陆，由此发现了美洲大陆。此后欧洲人绘制的地图开始出现该区域，并以亚美利哥的名字标注为"美洲"（America）。

[13] 提弗纳提（tifernati）：卡斯泰洛城旧名提弗努（Tifernum）。

[14] 使徒行传（Acts of the Apostles）挂毯：拉斐尔在 1515 年至 1516 年间应教皇利奥十世要求为梵蒂冈宫设计的一组挂毯，原应有 16 幅，拉斐尔最终完成了 10 幅大样，现仅存 7 幅。该系列挂毯的主题均来自福音书和《使徒行传》，故得此名。

[15] 三重冕（papal tiara）：14 世纪至 20 世纪中叶天主教教皇佩戴的头冠，是由三层珠宝装饰的高冠。

[16]《朱庇特交响曲》（Jupiter Symphony）：即莫扎特第 41 号交响曲。

[17] 大天使：原文 archangel，为罗马天主教九级天使中的第八级。

[18] 厄洛斯（Eros）：古希腊神话中的爱神，对应古罗马神话中的丘比特。

[19] 神圣对话（sacra conversazione）：意大利文艺复兴艺术中发展起来的宗教画主题，此类作品中围绕在圣母子周围的圣徒身份和位置排布更自由，甚至常常包含赞助人的形象。

[20] 战斗教会（Church Militant）：基督教的三大教派之一，主张与世间的罪恶作斗争，以便死后顺利进入天堂。

参考文献

J. Beck. *Raphael*. New York, 1976.

M. Carminati. *Raphael: The School of Athens*. Milan, 2012.

M. Carminati, A. Gigli and S. Zuffi. *Raffaello. La Madonna Sistina*. Turin, 2013.

N. Dacos. *The Loggia of Raphael: A Vatican Art Treasure*. New York, 2008.

P. De Vecchi. *The Complete Paintings of Raphael*. Harmondsworth and New York, 1987.

P. Franzese. *Raffaello*. Milan, 2008.

L. Mochi Onori. *Raffaello e Urbino. La formazione giovanile e i rapporti con la città natale*, exhibition catalogue. Milan, 2009.

K. Oberhuber. *Raphael: The Paintings*. Munich, 1999.

J. Pope-Hennessy. *Raphael*. London and New York, 1970.

Raphael: The Pursuit of Perfection, exhibition catalogue. Edinburgh, 1994.

Roma e lo stile classico di Raffaello, exhibition catalogue. Milan, 1999.

Raffaello. Grazia e Bellezza, exhibition catalogue. Milan and Geneva, 2001.

La Fornarina di Raffaello, exhibition catalogue. Milan, 2002.

Raffaello da Firenze a Roma, exhibition catalogue. Milan, 2006.

Raffaello. La Madonna Esterházy, exhibition catalogue. Milan, 2014.

Raffaello il sole delle arti, exhibition catalogue. Milan, 2016.

Raffaello e Perugino. Intorno allo Sposalizio della Vergine, exhibition catalogue. Milan, 2016.

Raffaello e l'eco del mito, exhibition catalogue. Venice, 2018.

J. Shearman, B. Agosti and V. Romani, eds. *Studi su Raffaello*. Milan, 2007.

图片来源

已尽一切努力联系图片的版权所有者。未能联系到的或信息不正确的版权所有者，请联系出版方。

Bergamo, Accademia Carrara: Scala, Florence cat. 1, p. 167

Berlin, Gemäldegalerie, Staatliche Museen: Jörg P. Anders / Scala, Florence / bpk, Bildagentur für Kunst, Kultur und Geschichte, Berlin pp. 60-61

Bologna, Pinacoteca Nazionale: Bridgeman Images cat. 45, pp. 188-189; Scala, Florence - Ministero per i beni e le attività culturali e per il turismo p. 139, pp. 156-157

Budapest, Szépművészeti Múzeum: p. 42; Scala, Florence cat. 30

Chantilly, Musée Condé: Bridgeman Images cat. 13, pp. 58-59

Dresden, Gemäldegalerie Alte Meister: Artothek pp. 64-65, pp. 112-113, pp. 160-161, pp. 184-185

Florence, Galleria degli Uffizi: Luisa Ricciarini / Bridgeman Images cat. 5, cat. 56; Scala, Florence cat. 11, pp. 186-187, pp. 194-195; Scala, Florence - Ministero per i beni e le attività culturali e per il turismo pp. 136-137, p. 176

Florence, Galleria Palatina di Palazzo Pitti: Bridgeman Images cat. 9, cat. 22, cat. 35, p. 179; Raffaello Bencini / Bridgeman Images cat. 46; Scala, Florence pp. 68-69, pp. 70-71, p. 144, p. 213; Scala, Florence - Ministero per i beni e le attività culturali e per il turismo cat. 20, cat. 50, cat. 52, p. 196, pp. 218-219

London, National Gallery: cat. 18, p. 89, pp. 124-125, pp. 128-129, p. 169; Mond Bequest, 1924 p. 81

London, Victoria and Albert Museum: The Royal Collection, HM The Queen cat. 48, cat. 49, p. 115, p. 117

Milan, Pinacoteca di Brera: Mondadori Portfolio/Electa/Paolo e Federico Manusardi / Bridgeman Images pp. 82-83, pp. 102-103, pp. 170-171

Munich, Alte Pinakothek: bpk / Bayerische Staatsgemäldesammlungen cat. 25, cat. 29, pp. 40-41, p. 130

Paris, Musée du Louvre: Bridgeman Images cat. 24; Josse / Bridgeman Images cat. 7; RMN-Grand Palais (musée du Louvre) / Tony Querrec cat. 6, pp. 126-127; Scala, Florence p. 175, pp. 192-193

Rome, Basilica di Sant'Agostino: Scala, Florence cat. 39, pp. 210-211

Rome, Galleria Borghese: Ministero per i beni e le attività culturali e per il turismo cat. 16, pp. 86-87, p. 105, p. 201; Scala, Florence cat. 27

Rome, Galleria Nazionale d'Arte Antica: Scala, Florence p. 73

Rome, Villa Farnesina: Angeli Alessandro - Alinari - Artothek cat. 53; Ghigo Roli / Bridgeman Images cat. 37, p. 55, p. 118, p. 119, pp. 154-155; Scala, Florence pp. 52-53

St Petersburg, State Hermitage Museum: Scala, Florence cat. 10, p. 173

Urbino, Galleria Nazionale delle Marche: Scala, Florence cat. 26, p. 199

Vatican, Musei Vaticani: pp. 92-93, p. 142, pp. 150-151; Bridgeman Images cat. 36, pp. 206-207; De Agostini Picture Library / Bridgeman Images cat. 57; De Agostini Picture Library / G. Cigolini / Bridgeman Images cat. 41; Luisa Ricciarini / Bridgeman Images cat. 2, cat. 3, pp. 78-79; Mondadori Electa / Bridgeman Images cat. 32; Scala, Florence cat. 28, cat. 31, cat. 38, cat. 42, cat. 43, pp. 44-48, p. 74, pp. 94-95, p. 97, pp. 108-109, p. 110, pp. 120-121, p. 132, pp. 134-135, p. 147, p. 153, p. 158, p. 181, pp. 202-203, pp. 208-209; Stefano Baldini / Bridgeman Images p. 50, p. 63, p. 107, p. 149, p. 204

Washington, National Gallery of Art: cat. 14, cat. 34, p. 66, pp. 84-85

图书在版编目（CIP）数据

细节中的拉斐尔 /（意）斯特凡诺·祖菲著；刁卓译. —石家庄：河北教育出版社，2021.6
（细节中的艺术家）
书名原文：Raphael in Detail
ISBN 978-7-5545-6333-5

I. ①细… II. ①斯… ②刁… III. ①拉斐尔（Raphael, Santi 1483-1520）–传记 IV. ① K835.635.72

中国版本图书馆 CIP 数据核字（2021）第 040210 号

Raphael in Detail by Stefano Zuffi
© 2020 Ludion & Stefano Zuffi
All rights reserved. No part of this publication may be reproduced or transmitted in any form or by any means, electronic or mechanical, including photocopy, recording or any other information storage and retrieval system, without prior permission in writing from the publisher.
Simplified Chinese language copyright © 2021 by Phoenix-Power Cultural Development Co., Ltd.
All rights reserved.

本书中文简体版专有出版权经由中华版权代理总公司授予北京凤凰壹力文化发展有限公司。

著作权合同登记号　图字：03-2020-206 号

书　　名	细节中的拉斐尔
著　　者	〔意〕斯特凡诺·祖菲
译　　者	刁　卓
出 版 人	董素山
总 策 划	贺鹏飞　张　辉
策　　划	梦拾艺
责任编辑	孙雪松
特约编辑	郭小扬
装帧设计	鹏飞艺术
出　　版	河北出版传媒集团 河北教育出版社　http://www.hbep.com （石家庄市联盟路 705，050061）
印　　制	济南新先锋彩印有限公司
开　　本	787mm×1092mm　1/12
印　　张	19
字　　数	161 千字
版　　次	2021 年 6 月第 1 版
印　　次	2021 年 6 月第 1 次印刷
书　　号	ISBN 978-7-5545-6333-5
定　　价	228.00 元

版权所有，侵权必究